W0351872

Mosaik
bei GOLDMANN

Buch

Dieser Ratgeber zeigt, wo Bewerber für einen Ausbildungsplatz ansetzen müssen, um einen Einstellungstest erfolgreich zu bestehen. Mit Übungsfragen und Lösungen aus der Praxis für Persönlichkeits-, Kenntnis-, Leistungs- oder Konzentrationstest kann jeder seinen Wissensstand überprüfen und Lücken füllen. Knobelspiele und Scherzaufgaben trainieren das logische Denken und machen auch noch Spaß. Entspannungsübungen und ein gezieltes Stressmanagement helfen, die Prüfungsangst zu überwinden, um mit starken Nerven und einem klaren Kopf auf der Zielgeraden zu punkten.

Autoren

Sabine Hertwig ist Kommunikationstrainerin und leitet das Berliner Büro beruf + konzept. Das Team besteht aus Geisteswissenschaftlern, Psychologen, Betriebswirten sowie Pädagogen und verfügt über langjährige Erfahrung in den Bereichen Bewerbungstraining, Berufsberatung und -coaching.

Alfons Weinem, Diplom-Betriebswirt, ist Lehrer an einem Berufskolleg und seit mehreren Jahren Mitglied im Prüfungsausschuss bei der Industrie- und Handelskammer. Er ist langjähriges Personalratsmitglied, in vielen Institutionen mit Problemen von Jugendlichen und Schülern vertraut sowie bei Unternehmen und Behörden mit Einstellungsprüfungen beschäftigt.

Von Sabine Hertwig außerdem bei Mosaik bei Goldmann

Der Testtrainer (16323)
Bewerbungstipps aus der Chefetage (16337)
Die erfolgreiche Bewerbungsmappe (16336)
Die besten Tipps für die aktive Jobsuche (16519)
Die besten Tipps für den Lebenslauf (16539)

Sabine Hertwig
Alfons Weinem

Einstellungstests für Auszubildende

Leistungs-, Wissens- und Knobelaufgaben lösen ohne Stress

Mosaik
bei GOLDMANN

Die Ratschläge in diesem Buch sind von den Autoren und dem Verlag sorgfältig erwogen und geprüft, dennoch kann eine Garantie nicht übernommen werden. Eine Haftung der Autoren bzw. des Verlags und seiner Beauftragten für Personen-, Sach- und Vermögensschäden ist ausgeschlossen.

FSC
Mix
Produktgruppe aus vorbildlich bewirtschafteten Wäldern und anderen kontrollierten Herkünften

Zert.-Nr. SGS-COC-1940
www.fsc.org
© 1996 Forest Stewardship Council

Verlagsgruppe Random House FSC-DEU-0100
Das für dieses Buch verwendete FSC-zertifizierte Papier *Munken Print* liefert Arctic Paper Munkedals AB, Schweden.

4. Auflage
Erweiterte Taschenbuchausgabe August 2004
Wilhelm Goldmann Verlag, München,
in der Verlagsgruppe Random House GmbH
© 2000 Falken Verlag, Niedernhausen
Umschlaggestaltung: Design Team München
Satz: Uhl + Massopust, Aalen
Druck und Bindung: GGP Media GmbH, Pößneck
WR · Herstellung: IH
Printed in Germany
ISBN-10: 3-442-16636-5
ISBN-13: 978-3-442-16636-7

www.mosaik-goldmann.de

Inhalt

Vorwort

Hallo Sie! Ja, genau Sie, Sie mit dem tollen Buch in der Hand! Sie sehen so aus, als gäbe es da einen Punkt in Ihrer näheren Zukunft, der Ihnen ein wenig Kopfzerbrechen bereitet. Wie? Hunderte? Na ja, jetzt lassen Sie mal den Weltschmerz beiseite. Wir reden immerhin von etwas ganz Konkretem, einer genau definierten Situation, die jedoch unaufhaltsam wie eine Lawine auf Sie zugerollt kommt. Vielleicht hilft Ihnen Folgendes auf die Sprünge: Traumjob = Bewerbung = Test = Eignungstest!

Na, ist der Groschen gefallen? Meinen Sie vielleicht, was da auf Sie zukommt, wäre gar nicht trainierbar? Oder Sie wüssten schon genug, um sich auch ohne uns durchzuschlagen? Dann beantworten Sie doch kurz folgende Fragen:

- Sagt Ihnen der Begriff »Assessment Center« etwas? Nein? Uns schon.
- Wissen Sie, wo der Golfstrom entsteht? Nein? Dann hilft Ihnen unser Buch weiter.
- Kennen Sie Übungen, die Ihre Konzentrationsfähigkeit messen? Nein? Wir aber.

Und unser sorgsam gesammeltes Wissen, das würden wir natürlich gerne an die Frau/den Mann bringen. Was Sie konkret erwarten dürfen?

- Eine Bestandsaufnahme zur Situation, in der Sie sich gerade befinden.
- Einen Ratgeber zum Umgang mit Stress und Prüfungen.

- Eine Seite zu Sinn (und Sinnlosigkeit) von Eignungstests, um den Frust loszuwerden.
- Eine Beschreibung und Erklärung aller derzeit gängigen Testverfahren bei Personalauswahlverfahren.
- Einen ausführlichen und praktischen Übungs- und Trainingsteil zu besagten Testmethoden.

Vieles ist erlernbar, und dieses Buch zeigt Ihnen, wie. Zusätzliche Informationen zur Bewerbung erhalten Sie auf der Internet-Seite *www.beruf-konzept.de*. Wir wünschen Ihnen viel Erfolg!

Sabine Hertwig · Alfons Weinem

Check – Die Bestandsaufnahme

Glückwunsch, dass Sie jetzt hier sind und sich mit dem Thema »Eignungstest« überhaupt auseinander setzen müssen. Denn das bedeutet mit allerhöchster Wahrscheinlichkeit, dass Ihre Bewerbungsmappe gut gewesen sein muss.
Aber Vorsicht! Das soll keine Einladung sein, sich auf noch nicht vorhandenen Lorbeeren auszuruhen. Jetzt heißt es, sich auf den Eignungstest vorzubereiten.

Wir wollen es einmal so ausdrücken: Haben Sie im Biologieunterricht je aufgepasst, als von den Funktionsweisen und Mechanismen einer Kläranlage die Rede war? Ja? Dann erinnern Sie sich sicher noch an jene trübe Brühe am Anfang? Und Sie erinnern sich an den klaren, munter plätschernden Wasserstrahl am anderen Ende? Nun, dazwischen findet sich eine scheinbar unendliche Reihe von Gittern, Sieben, Sickergruben und Chemiekeulen, die filtern, stoppen, aufhalten und Barrieren bilden.

Was Personalchefs wollen, ist reinstes, pures H_2O. Ihr derzeitiger Stand? Sie haben gerade vielleicht ein Sieb mittlerer Lochgröße passiert. Doch während die Teilchen und Atome in einer Kläranlage wenig Einfluss darauf haben, ob sie nun zu Wassermolekülen, Mikroben, Ölen oder Pilzkulturen zusammengesetzt sind, haben Sie diesen Einfluss durchaus.

Und damit zum eigentlichen ersten Schritt bei der Vorbereitung auf einen Eignungstest: der Frage, wer Sie sind und was Sie können. Das Persönlichkeitsprofil, dass Sie zur Beantwortung dieser Frage erstellen sollten, muss natürlich nicht die tiefsten Tiefen Ihrer Seele ergründen. Sie sollen auch keine traumatischen Erlebnisse Ihrer Kindheit ans Licht zerren oder von Ihren intimsten Geheimnissen berichten.

Stellen Sie sich einfach folgende zwei Fragen: Wie definieren Chefetagen, Personalchefs und Eignungstests reinstes, pures H_2O – den optimalen Mitarbeiter also? Und: Wie sind Sie im Hinblick auf diese Anforderungen beschaffen, wo liegen Ihre Stärken und Schwächen, wo Ihre Fähigkeiten und Kenntnisse?

Unser Tipp:

Lassen Sie sich bei Ihrer Selbsteinschätzung ruhig von einem Freund oder einer guten Bekannten helfen. Der Blick auf sich selbst ist im Allgemeinen leichter, wenn jemand den Spiegel hält.
Dabei sollten Sie sich die Frage nach Ihren Eigenschaften und Fähigkeiten zu drei wesentlichen Bereichen stellen:

- **Ihrer Intelligenz (oder dem, was landläufig als solche bezeichnet wird)**
- **Ihrer Sozialen Kompetenz (oder Emotionalen Intelligenz)**
- **Ihrem Verhalten in Prüfungssituationen (Ihrer Stressresistenz)**

Was kann ich?

Wie immer ist uns auch in diesem Kapitel klar, dass der Begriff der Intelligenz ein sehr vager, schwer zu erfassender ist. Im hier relevanten Zusammenhang – Fähigkeiten, auf die Sie sich prüfen sollten – haben wir uns jedoch von der pragmatischsten Auffassung dieses Begriffs leiten lassen und betrachten als Ihre Intelligenz lediglich das, was Intelligenz- und Persönlichkeitstests, wie sie für Personalentscheidungen eine Rolle spielen und wie sie dieses Buch behandelt, messen. Konkret bedeutet das, Sie sollten offen und ehrlich Ihren Leistungsstand in folgenden Bereichen beurteilen:

☑ **Mathematisches Denken:** Prozentrechnung, Zinsrechnen, Dreisatzaufgaben, einfache Gleichungen als Textaufgaben, Gleichungssysteme, kaufmännisches Rechnen sowie Erkennen und Fortführen bestimmter Schemata in Zahlenreihen

☑ **Räumliches Vorstellungsvermögen:** Erkennen der korrekten Abwicklung räumlicher Figuren in der Ebene

☑ **Technisches Verständnis:** Funktion von Antriebssystemen und elektrischen Schaltkreisen, physikalische Grundkenntnisse

☑ **Merk- und Konzentrationsfähigkeit:** Einprägen und Merken von Begriffen, Sprachanalogien erkennen, Synonyme zuordnen

☑ **Rechtschreibung:** natürlich unter besonderer Berücksichtigung der neuen Rechtschreibregeln

☑ **Verbale Intelligenz:** Finden von Synonymen und Antonymen, Satzergänzungen, Zuordnen von Sprichwörtern, Einsetzen von Stammwörtern

☑ **Allgemeinbildung:** Grundwissen in den Bereichen Politik, Geschichte, Wirtschaft und Geografie sowie Naturwissenschaften, Literatur, Malerei und Bildende Künste, Musik, Film und Sport

Aus der Frage nach der Arbeitgebererwartung und den eigenen Stärken und Schwächen ergibt sich dabei ganz automatisch eine Art Soll-Haben-Konto für jeden einzelnen dieser Be-

reiche. Vielleicht waren Sie schon immer musikbegeisterter Hobbymathematiker? Dann wird Ihr Konto in den Bereichen »Allgemeinwissen – Musik« und »Mathematisches Denken« natürlich nur schwarze Zahlen schreiben. Vielleicht haben Sie sich aber bisher noch nie dafür interessiert, weshalb ein Faß zum Fass geworden, der Fuß jedoch Fuß geblieben ist? Dann sollten Sie dringend den Bereich Rechtschreibung mit ein paar Finanz- und Übungsspritzen versehen.
Wie auch immer, Sie werden sehen, wie Ihr ganz privates, persönliches Konto aussieht. Und daraus wird sich für Sie die Möglichkeit ergeben, einen individuellen Trainings- und Übungsplan zu erstellen. Dort, wo Ihr Konto am weitesten überzogen ist, sollten Sie ansetzen und nicht eher loslassen, bis Sie sich selbst völlig sicher und kreditwürdig fühlen. Dieses Buch bietet Ihnen dabei einen detaillierten Überblick, welches Wissen in Eignungstests auf welche Art und Weise abgefragt wird, sodass Sie Ihr eigenes Können in den einzelnen Bereichen nach genau definierten und beschriebenen Maßstäben beurteilen können.

Wer bin ich?

So viel zum Kontostand. Doch es gibt noch eine weitere Komponente Ihrer Persönlichkeit, die Sie bei dieser ersten Bestandsaufnahme über sich und Ihre Fähigkeiten genau unter die Lupe nehmen sollten: Ihre so genannte »Emotionale Intelligenz«, Ihre »Soft skills«, Ihre »Soziale Kompetenz«.

Dabei stellt sich auch hier ein altbekanntes Problem: Eine Definition, eine klar umrissene Beschreibung dieser Komponente ist keineswegs einfach. Entstanden sind Begriffe wie die eben genannten aus einer rapiden Veränderung des Arbeitsmarkts und der daraus resultierenden Anforderungen an die

Arbeitenden. Wirft man einen Blick zurück auf die gerade aufblühenden Industrienationen des ausgehenden 19. Jahrhunderts und vergleicht sie mit den heutigen Gesellschaften der so genannten Ersten Welt, so dürfte außer Zweifel stehen, dass eine der prägendsten Entwicklungen des 20. Jahrhunderts der Trend zur Dienstleistungsgesellschaft war.

Überlegt man sich nun, was diese so genannten »Dienstleistungen« ihrem Wesen nach ausmacht, so stößt man, egal um welchen Bereich von Tätigkeit es sich handelt, immer wieder auf eine bestimmende Gemeinsamkeit: den Kontakt zur Umwelt, den Umgang mit anderen Menschen. Dass auf diesem Feld jedoch andere Fähigkeiten gefragt sind als mathematisches Denkvermögen oder klassisches Allgemeinwissen, dürfte jedem klar sein. Wichtig wurde neben den in Schule und Ausbildung vermittelten fachlichen Qualifikationen zunehmend die soziale, die »menschliche« Komponente einer Persönlichkeit, und Schlagworte wie Teamfähigkeit, Kontaktfreudigkeit, Flexibilität oder Kooperationsfähigkeit kamen auf. Heute sind sie aus Personalentscheidungen und Auswahlverfahren nicht mehr wegzudenken und fest im Hinterkopf eines jeden Personalchefs gespeichert. Die Begriffe »Emotionale Intelligenz« bzw. »Soziale Kompetenz« sowie der Anglizismus »Soft skills« sind dabei nichts anderes als der Versuch, für eine unbestimmbare Anzahl solcher Persönlichkeitsmerkmale eine Schublade, einen Sammelbegriff zu finden.

Was jedoch heißt all das für Sie und dieses Buch? Wir wollen Ihnen mit diesem kurzen Exkurs bewusst machen, dass Sie – egal in welcher Prüfungssituation Sie stecken werden – immer auch auf Ihr soziales Interaktionsverhalten und Ihre Wirkung nach außen hin beobachtet werden. Dieser Aspekt wird Ihnen vor allem im Kapitel »Assessment Center« detaillierter beschrieben werden, spielt jedoch im Grunde genommen bereits für die Begrüßung und den Händedruck vor jedem *paper & pencil*-Test eine wichtige Rolle.

Um diesen prüfenden Blicken nicht ahnungslos ausgeliefert zu sein, sondern bewusst Ihre Persönlichkeit in Szene setzen zu können, sollten Sie sich in diesem Bereich ebenfalls die Zeit für eine kleine Bestandsaufnahme nehmen. Und auch hier gilt einmal mehr: Holen Sie sich Unterstützung aus Ihrem Familien- und Freundeskreis.

Um Ihnen etwas aus der vagen Begrifflichkeit der Sozialen Kompetenz oder der Emotionalen Intelligenz herauszuhelfen, folgt ein kleiner Reiseführer durch Ihren persönlichen Bestand an Soft skills. Der Übersichtlichkeit halber beschränken wir uns hierzu auf fünf der wichtigsten Komponenten:

- Kommunikations- bzw. Kontaktfähigkeit
- Teamfähigkeit
- Selbstständigkeit
- Flexibilität
- Leistungsmotivation

Die Frage, die es für Sie persönlich zu klären gilt, lautet: Wie schätzen Sie sich bezüglich dieser fünf Bereiche ein, und wie werden Sie von anderen gesehen? Um eine Antwort hierauf zu finden, gehen Sie am besten nach folgendem Schema vor:

1. Begriffsklärung

Schreiben Sie zu jedem der fünf Begriffe spontan drei Assoziationen auf. Bitten Sie Ihre Freunde, dasselbe zu tun.

2. Erinnerungen

Erinnern Sie sich nun bitte an fünf verschiedene Situationen, in denen jeweils eine der genannten Komponenten eine besondere Rolle gespielt hat. Das kann in einer Diskussionsrunde in der Schule gewesen sein, während einer Urlaubsreise mit Freunden oder einfach bei einer Streitschlichtung im Familienkreis. Beschreiben Sie die Begebenheit, und erläutern Sie Ihre eigene Rolle dabei.

3. Orientierung

Beantworten Sie jetzt bitte folgende Fragen:

Kommunikations- bzw. Kontaktfähigkeit

☑ Verbringen Sie den Abend lieber zu Hause alleine vor dem Fernseher oder in einer Disco unter lauter Fremden?
☑ Wie leicht kommen Sie mit anderen Menschen ins Gespräch?
☑ Würden Sie von sich sagen, dass Sie viele Freunde und Bekannte haben?

Teamfähigkeit

☑ Wie leicht reizbar sind Sie?
☑ Werden Sie leicht neidisch, wenn andere Erfolg haben?
☑ Kritisieren Sie häufig die Arbeit anderer?

Selbstständigkeit

☑ Lassen Sie sich von Rückschlägen leicht entmutigen?
☑ Übernehmen Sie von sich aus Aufgaben, oder warten Sie auf Anordnungen?
☑ Wie gehen Sie mit Kritik um?

Flexibilität

☑ Ärgern Sie sich, wenn ein Freund kurzfristig eine Verabredung absagt?
☑ Ein Kinofilm, den Sie sehen wollten, wird nicht gezeigt. Fällt es Ihnen schwer, den Abend spontan anders zu gestalten?
☑ Brauchen Sie lange, um Entscheidungen zu treffen?

Leistungsmotivation

- ☑ Identifizieren Sie sich mit dem, was Sie tun und in Angriff nehmen?
- ☑ Ist ein Beruf ein notwendiges Übel, um sich ein angenehmes Leben leisten zu können, oder gehört er zu einem gelungenen Leben dazu?

4. Und zu guter Letzt

Beschreiben Sie einem Freund oder einer Freundin genau, was die fünf einzelnen Schlagworte für Sie persönlich bedeuten und wie Sie sich dabei einschätzen. Fordern Sie eine kritische Stellungnahme zu Ihren Ausführungen.

Damit ist natürlich noch längst kein ausführliches und psychologisch tief greifendes Profil Ihrer Persönlichkeit erstellt. Aber vielleicht ist es gelungen, Ihren Blick auf sich selbst etwas zu schärfen und Ihnen Anregungen zu einer genaueren Auseinandersetzung mit Ihren so genannten Softskills und ihrer Präsentation zu geben.

Wie kann ich sein?

Damit bliebe nur noch eines: Auch die besten Voraussetzungen helfen Ihnen nicht weiter, wenn diese Sie im entscheidenden Moment kläglich im Stich lassen. Deshalb fragen Sie sich, bevor es so weit ist, unbedingt, wie es um einen dritten Bereich Ihrer Persönlichkeit bestellt ist: Ihre Stressresistenz und Ihr Verhalten in Prüfungssituationen.

Und wenn Ihnen Worte wie Black-out, zitternde Knie oder Stimmversagen nicht völlig fremd sind, wenn Sie in den Nächten vor Prüfungen schon mal stundenlang wach gelegen sind und vor Angst kein Auge zubekommen haben, wenn Sie an Schulaufgaben, mündliche Abfragen und Ihre Abschlussprüfungen nur mit Grausen zurückdenken, dann sollte das folgende Kapitel ganz besonders interessant für Sie sein.

Also, nehmen Sie auch diese Angst nicht als unveränderliche Größe in Ihrem Charakter. Blättern Sie lieber um, und lassen Sie sich überraschen.

Am Start – Bloß kein Stress

Eine Prüfung erzeugt bei fast allen Menschen Stress, doch die Reaktionen sind so verschieden wie die Menschen selbst. Während einige durch Stress weniger leistungsfähig werden, können andere sehr gut damit umgehen. Manche bekommen durch Stress sogar erst den nötigen Kick, um ihre volle Leistungsfähigkeit zu entfalten. Wie unterschiedlich Stress sich auswirken kann, zeigt das folgende Beispiel.

Die Angst vorm Versagen

Gebannt starrt Katharina auf die Tür. Gleich wird ein freundlicher Mensch diese Tür öffnen und sie und die anderen Mitbewerber hereinbitten. Sie spürt, wie ihre Hände zittern. Schweißperlen bilden sich auf der Stirn, das Herz rast, die Knie sind weich wie Pudding. Im Magen breitet sich ein flaues Gefühl aus. Ihr wird schlecht. Katharina hat das Gefühl, dass jeder ihren Zustand bemerkt. Sie bemüht sich, ihre Hände ruhig zu halten. Doch je mehr sie sich anstrengt, umso weniger will es ihr gelingen.

So wie Katharina geht es vielen Menschen. Ihre Gedanken drehen sich im Kreis. »Ich werde alle Fragen falsch beantworten. Bei meinen Voraussetzungen habe ich sowieso keine Chance, in diesem Test gut abzuschneiden. Mein Kopf ist vollkommen leer. Alles, was ich vorher gewusst habe, ist wie weggewischt. Was wird passieren, wenn ich diesen Test nicht bestehe? Woanders brauche ich es dann gar nicht mehr versuchen. Bei den anderen Einstellungstests werde ich auch versagen.« Sie wünschen sich, schon vor Wochen ein Buch zur Vorbereitung auf Einstellungstests gekauft und es gründlich durchgearbeitet zu haben. Sie befürchten, sich völlig falsch vorbereitet zu haben, und haben Angst vor dem Versagen.

Angst vor Prüfungen hatten diese Menschen eigentlich schon immer. »Was wollen die überhaupt von mir? Was ich kann und weiß, können die mit diesem Test sowieso nicht herausfinden. Was sind das überhaupt für Leute, die sich anmaßen, mich zu prüfen? Die wollen mich nur reinlegen«, sind Fragen, die sie sich stellen.

Doch es geht nicht allen so, wie folgendes Beispiel zeigt:

Katharinas Freundin Judith steht neben ihr. Sie spricht mit ein paar Freunden. Alle haben sich um einen Ausbildungsplatz zur Versicherungskauffrau beworben und sind zum Eignungstest eingeladen worden. Auch einige andere Kandidaten sind ziemlich nervös. Aber Judith plaudert locker und lächelt sogar. Man könnte fast meinen, dass sie sich auf den Test freut. »Kein Wunder«, denkt Katharina, »bei ihr klappt ja auch immer alles.« Jetzt erzählt Judith etwas und macht ulkige Verrenkungen, als wollte sie etwas vorführen. Die Vorstellung endet in allgemeinem Gelächter. Katharina kann nicht mitlachen. Verzweifelt setzt sie sich auf die Bank neben der Tür. Ihr Herz klopft so laut, dass sie denkt, alle anderen müssten es hören. Am liebsten würde sie jetzt weglaufen. Da öffnet sich die Tür …

Eine Woche später kommt ein Brief mit dem Ergebnis. Judith gehört zu den Besten, Katharinas Ergebnis hat gerade noch so eben ausgereicht. Mit nur einem Punkt weniger hätte sie es nicht geschafft. Beide sind natürlich erleichtert, dass alles gut gegangen ist. Aber dennoch macht Katharina sich Gedanken. Soll das denn immer so weitergehen? Dieser Eignungstest wird ganz bestimmt nicht die letzte Prüfung sein, die sie bestehen muss. Was macht Judith anders? Ist sie vielleicht einfach nur intelligenter als Katharina? Nein, das kann nicht sein. Denn ihre Schulnoten waren etwa gleich. Aber die Lehrer kannten Katharina schon lange. Sie wussten um ihre Prüfungsangst und hatten stets Rücksicht darauf genommen. Bei Eignungs- und Einstellungstests kann sie das allerdings nicht mehr erwarten.

Katharina beschließt, etwas gegen ihre Prüfungsangst zu unternehmen. Zuerst will sie mit Judith sprechen. Vielleicht kann sie ihr ja ein paar Tipps geben, wie man in einer solchen Situation ruhig und gelassen bleibt. »Wie war das bei dir, als wir den Test gemacht haben? Warst du gar nicht aufgeregt?«, fragt sie ihre Freundin. »Doch, natürlich war ich nervös. Auch sonst habe ich vor Prüfungen immer ein wenig Angst«, antwortet Judith.

Das ist auch ganz normal. Menschen, die noch nie Angst hatten, wird man nicht finden. Wenn wir uns bedroht fühlen, empfinden wir Angst. Dabei spielt es keine Rolle, ob die Bedrohung real ist oder ob wir sie uns nur einbilden. Fast jeder hat schon einmal etwas erlebt, das er als Bedrohung empfunden hat. Wenn sich dann Angstgefühle einstellen, so ist das eine natürliche Reaktion mit einer wichtigen Aufgabe. Die Angst sorgt dafür, dass wir uns bei Gefahren schützen und z. B. nicht einfach auf eine viel befahrene Straße laufen oder in einen Löwenkäfig springen. Angst sichert unser Überleben!

Neben den für unser Überleben wichtigen Ängsten, gibt es aber auch unangemessene, die unser Handeln und unsere Leistung beeinträchtigen. Sie hindern uns, unsere Ziele zu erreichen, und sie können sogar unserer Gesundheit schaden. Zu der Art der unangemessenen Ängste gehört auch eine extreme Prüfungsangst. Doch dieser Angst sind wir nicht hilflos ausgeliefert. Wir können lernen, sie in den Griff zu bekommen, indem wir uns mit unserer Angst auseinander setzen. Kehren wir noch einmal zu unserem Beispiel zurück. Wie könnte es weitergehen?

Katharina möchte von Judith erfahren, wie diese mit Angst und Aufregung vor Testsituationen umgeht. Judith weiß jedoch selbst nicht so genau, warum sie in Prüfungssituationen von dieser Panik verschont bleibt. Sie hat darüber noch nie nachgedacht. Durch Katharinas Fragen ist sie aber neugierig geworden, und so beschließen die beiden Freundinnen, der Sache auf den Grund zu gehen.

Dem Prüfungsstress ausgeliefert?

Wie wir auf Stress reagieren, hängt davon ab, wie wir gelernt haben, schwierigen Situationen zu begegnen. Als Katharina beschließt, mit Judith über ihr Problem zu sprechen und sich gründlich zu informieren, geht sie den einzig richtigen Weg: Sie stellt sich aktiv dem Thema! Mit dieser Haltung kann es ihr gelingen, dem Prüfungsstress die gefährliche Spitze zu nehmen. Vielleicht wird sie sogar einmal zu den Menschen gehören, die Stress ganz bewusst positiv nutzen können.

Wenn auch Sie Ihre Angst aktiv angehen wollen, dann stellen Sie sich folgende drei Fragen zu Ihrem Empfinden von Prüfungssituationen:

☑ Was denke ich?
☑ Was fühle ich?
☑ Was tue ich?

Schreiben Sie zunächst alles auf, was Ihnen spontan zu diesen drei Fragen einfällt. Es ist wichtig, dass Sie die Fragen beantworten, bevor Sie weiterlesen, denn Ihre Antworten könnten sonst von dem, was Sie auf den folgenden Seiten über Prüfungsangst erfahren, beeinflusst werden. Nehmen Sie sich zudem ausreichend Zeit für Ihre Überlegungen. Wenn möglich, sollten Sie über mehrere Tage alles sammeln, was Ihnen einfällt; neue Einsichten haben wir oft erst nach längerem Nachdenken.

Finden Sie dann anhand der folgenden Informationen heraus, wo Sie ganz persönlich etwas verändern können, um in Prüfungen gelassener als bisher zu reagieren – und damit bessere Ergebnisse zu erzielen.

Wenn die Gedanken Karussell fahren...

Viele Menschen haben die Angewohnheit, in Gedanken mit sich zu reden. Sie überlegen, was zu tun ist, kommentieren ihr Handeln, ihre Leistungen und ihre Wirkung auf andere.

Mit solchen inneren Gesprächen steuern und kontrollieren wir das, was wir tun. Insofern sind diese Selbstgespräche hilfreich und nützlich. Problematisch wird es allerdings, wenn die innere Stimme zu selbstkritisch wird. Auch in Prüfungssituationen können solche negativen Selbstgespräche die Aufregung steigern und das Ergebnis verschlechtern. Die häufigsten dieser Denkfallen werden in diesem Kapitel beschrieben. Prüfen Sie genau, welche Sie in Ihrer Liste wiederfinden.

Übertreiben und verallgemeinern

Viele Menschen neigen dazu, alles, was schief geht, übertrieben genau in Erinnerung zu behalten und kleine Misserfolge zu verallgemeinern. Sie bauschen einen Fehlschlag zur Tragödie auf und rechnen von vornherein fest damit, dass auf eine schlechte Leistung viele weitere folgen werden. Ein Misserfolg ist für sie der Beweis, dass sie Versager sind. Doch das ist eine Empfindung, die der Realität meist nicht gerecht wird.

Sich selbst bestrafen

Es gibt Menschen, die den sowieso schon starken Druck einer Prüfungssituation nochmals steigern, indem sie sich selbst harte Strafen androhen, sollte das Ergebnis schlecht ausfallen. Diese Form von unangemessener Selbstbestrafung ist wenig nützlich, denn sie verstärkt die innere Anspannung und begünstigt ein schlechtes Abschneiden erst recht. Zu allem Überfluss kann sie zudem das Selbstbewusstsein beeinträchtigen und den Boden für das nächste Misserfolgserlebnis bereiten. Unsere Stimmung verschlechtert sich mehr und mehr, effektives Lernen ist dann kaum noch möglich. Psyche und Körper können so unter extremen Stress geraten, wir werden immer gereizter und oft sogar anfälliger für Krankheiten.

Versagen und Misserfolge herbeidenken

Versagensängste und Misserfolgserwartungen haben fatale Folgen: Sie begünstigen den Misserfolg. Die Angst vor dem Versagen damit bekämpfen zu wollen, dass man vorsichtshalber mit einem Misserfolg rechnet, ist eine schlechte Strategie und sollte unbedingt unterbunden werden.

Die Angst kann dabei auf unterschiedliche Weise entstanden sein. So können zum einen vorangegangene negative Erfahrungen in Prüfungssituationen zu einer übersteigerten Ängstlichkeit geführt haben. Hat jemand beispielsweise erlebt, dass er für eine schlechte Leistung vom Lehrer vor der gesamten Klasse gedemütigt wurde, kann er leicht Angst vor der nächsten Leistungsanforderung entwickeln. Wenn er dann wieder versagt und vielleicht sogar abermals dafür herabgesetzt wird, besteht die große Gefahr, dass sich eine allgemeine Angst vor dem Versagen in allen Situationen herausbildet, in denen Leistungen gefordert werden. Im Laufe der Jahre können diese Ängste sich dann immer weiter verfestigen.

Eine Neigung zu großer Ängstlichkeit kann aber auch übernommen worden sein. Wenn Eltern sehr ängstlich sind und ihrem Kind bei jeder schlechten Note gleich ein vollständiges Scheitern in Schule und Leben vorhersagen (in der Absicht, das Kind zum Lernen zu bewegen), kann es leicht passieren, dass sich das Kind dieses Verhaltensmodell selbst aneignet und immer häufiger das Schlimmste erwartet: »Ich werde den Stoff nie lernen können – Ich kapiere das sowieso nicht – Ich falle bestimmt durch – In der Prüfung werde ich keinen Ton herausbringen.«

Viele Menschen halten dieses Denkmuster für einen guten Trick, um Enttäuschungen zu vermeiden, setzen damit aber vielmehr einen Teufelskreis in Gang. Denn wenn wir ein negatives Ergebnis erwarten, provozieren wir unwillkürlich das Scheitern, indem wir die jeweilige Aufgabe schlechter bearbeiten als in der Erwartung eines Erfolgs. Das schlechte Ergebnis bestätigt dann wiederum die Überzeugung, dass wir zu besseren Leistungen nicht fähig sind, und der Teufelskreis ist perfekt.

Unser Arbeitsspeicher

Wie gut wir eine komplizierte Aufgabe bearbeiten, hängt zum großen Teil davon ab, wie effektiv wir den Arbeitsspeicher unseres Gehirns nutzen. Unser Bewusstsein kann zu einem Zeitpunkt immer nur etwa sieben Einheiten verarbeiten. Wenn wir also eine Testaufgabe lösen wollen, gleichzeitig aber darüber nachdenken, dass sowieso alles schief gehen wird, beansprucht das einen großen Teil der Informationsverarbeitungskapazität unseres Gehirns. Für die eigentliche Aufgabe bleibt dann erheblich weniger Raum, als wir tatsächlich zur Verfügung haben. Die Folge sind unnötig schlechte Leistungen.

Immer perfekt sein müssen

Sehr hohe Ansprüche an die Qualität seiner Arbeit zu haben ist im Grundsatz natürlich nicht falsch. Wer aber übertrieben perfektionistisch ist, trägt dazu bei, dass er unnötig schlechte Ergebnisse erzielt.

Perfektionisten denken oft bis zum Schluss darüber nach, ob sie eine Prüfung lieber aufschieben und sich noch einmal besser vorbereiten sollen. Sie reden sich ein, dass sie besser abschneiden werden, wenn sie es in einigen Monaten noch einmal versuchen. Einige erreichen ihren Abschluss dann erst sehr spät, andere gar nicht mehr. Oder sie erzielen ein schlechtes Ergebnis, weil sie sich aus ihrem Bestreben nach Perfektion zu lange mit der ersten Aufgabe aufhalten und die anderen dann unvollständig lösen.

Die Erwartungen anderer fürchten

Eine weitere Falle in der Phase der Prüfungsvorbereitung kann auch der Umstand sein, dass wir uns nicht genügend von der

Erwartungshaltung anderer abgrenzen. Insbesondere Eltern, aber auch Freunde haben manchmal bestimmte Vorstellungen davon, wie erfolgreich wir sein sollen. Wir lenken uns ab, wenn wir darüber grübeln, was andere Menschen über uns denken könnten. Wieder wird der Arbeitsspeicher des Gehirns belastet, sodass sich der Raum für logische Denkoperationen und kreative Problemlösungsideen verkleinert. Unsere Leistungen bleiben dann unter unseren eigentlichen Möglichkeiten.

»Don't worry«

»Wenn ich in diesem Test nicht die nötige Punktzahl erreiche, werde ich bestimmt in allen weiteren Tests auch versagen. Was wird dann passieren? Ich brauche es dann woanders gar nicht mehr zu versuchen.«

Wenn solche oder ähnliche Gedanken Sie häufig plagen, dann sollten Sie sich fragen, warum Sie so übertrieben ängstlich und selbstkritisch sind und was Sie in der Vergangenheit erlebt haben. Wie haben die Eltern reagiert, wenn Sie eine schlechte Note nach Hause gebracht haben? Haben sie Sie verängstigt, vielleicht gesagt, dass nie etwas aus Ihnen werden wird? Das könnte eine Ursache für Ihre Sorgen sein.

Ein solches Gedankenmuster schadet, weil es Ängste schürt und dadurch unsere Fähigkeit zu logischem Denken und schließlich auch unser Gedächtnis beeinträchtigt.

Aus Angst in die Gleichgültigkeit flüchten

Eine Form, die eigene Prüfungsangst abzuwehren, ist die Flucht in die Gleichgültigkeit. Wir trösten uns damit, dass der Ausbildungsplatz, um den es geht, vielleicht gar nicht der richtige ist. Wir fragen uns, ob sich die Mühe überhaupt lohnt. Eigentlich ist dieser Beruf ja doch gar nicht so interessant. Wir haben uns nur beworben, weil man schließlich irgendeine Ausbildung haben und später irgendeinen Beruf ausüben muss.

Wer auf diese Weise vor der beruflichen Auseinandersetzung flüchtet, trägt viel zum Scheitern bei. Denn mit dieser Haltung werden wir nur auf Sparflamme kochen. Wir empfinden alles nur als lästige Pflicht. Nichts an der bevorstehenden Ausbildung macht uns Freude oder weckt Begeisterung. Dann ist es natürlich auch kein Wunder, dass eine Prüfungssituation als Stress erlebt wird und das Ergebnis schlecht ausfällt.

Prüfungen und Prüfer sind unmenschlich

Auch die Gesamteinstellung gegenüber einer Prüfungssituation hat Einfluss auf unseren Erfolg. Mit Widerwillen zum Test gehen, daran denken, wie sehr wir es hassen, geprüft zu werden, die Berechtigung der Prüfung in Frage stellen – eine solch negative Haltung erzeugt schnell schlechte Stimmung. Und diese behindert uns bei der Bearbeitung der Aufgaben. Wieder konzentrieren wir uns auf Dinge, die mit den Testaufgaben nichts zu tun haben, und provozieren unnötig schlechte Leistungen.

Wenn der Körper zum Feind wird …

Körperliche Anspannung spüren fast alle Menschen in Prüfungssituationen. Diese Spannung wird erzeugt durch Stresshormone, die der Körper in jeder Situation ausschüttet, die er als Gefahr interpretiert. Das ist ein Überlebensprogramm, das schon zu Urzeiten im menschlichen Gehirn entstand und noch heute fest in uns verankert ist. Die Menschen damals mussten z. B. schnell angreifen oder fliehen, wenn ihnen etwa Gefahr durch ein wildes Tier drohte.

Das Gehirn schüttet Stresshormone aus, die dafür sorgen, dass der Körper schnell sehr viel Energie zur Verfügung hat, um diese Anstrengungen bewältigen zu können. Gleichzeitig wird das Denken blockiert, denn der Mensch soll bei Gefahr sofort handeln können, ohne lange zu überlegen. Für lebensrettende Reaktionen könnte es ansonsten längst zu spät sein.

Alarm!

Damit der Körper die Kraft hat, die er für Flucht oder Kampf benötigt, wird in Gefahrensituationen die Atmung schneller und flacher. Blutdruck und Puls steigen an, Zuckerreserven und Fettstoffe werden im Körper freigegeben. Der Organismus wird über das sympathische Nervensystem in einen Alarmzustand versetzt, der schnelle und wirksame Reaktionen erlaubt.

Beim modernen Menschen wirkt genau dieser Mechanismus bei Prüfungen oder Tests – denn für ihn besteht hier immer die Möglichkeit des Scheiterns und damit der Gefahr. Denn Versagen und Scheitern sind Erfahrungen, durch die unser Selbstwertgefühl bedroht wird. Und da dieses ein ganz zentrales Moment unserer Persönlichkeit ist, erleben wir seine Gefährdung als existenziell. Für uns wird eine Prüfung ebenso beängstigend wie für den Urmenschen der Braunbär, der um die Ecke gefegt kam, und unser Gehirn sorgt für den gleichen Energieschub wie das Gehirn des Urmenschen angesichts des Bären. Während dieser Mechanismus aber für den Urmenschen lebensrettend war, stürzt er uns ins Verderben.

In einer Prüfung ist genau die gegenteilige Reaktion angesagt: ruhig sitzen bleiben und kühl überlegen. Das ist dann jedoch nicht mehr so einfach: Da wir den Energieschub weder in der Flucht noch im Kampf verbrauchen, blockiert er unsere Gedanken und bewirkt, dass unsere Hände und Knie zittern und Schweißperlen auf die Stirn treten. Verfallen wir zudem in eine starre Haltung, braucht unser Körper besonders lange, um den Energieüberschuss abzubauen.

Die Stimme versagt, der Atem stockt

Bei starker Anspannung kann die Stimme versagen oder sogar Atemnot eintreten. Wenn Stress zu einem erhöhten Spannungszustand in der gesamten Körpermuskulatur führt, entsteht etwa der besagte Frosch im Hals. Zu Atemnot kommt es, weil die Einatmungsmuskulatur mengenmäßig die Ausatmungsmuskulatur überwiegt: Wir holen in einer solchen Situation zu viel Luft und stoßen zu wenig aus. Die Lunge ist überfüllt, und wir können uns nicht entspannen. So bleibt gerade leistungsbetonten Menschen in Prüfungen oft buchstäblich die Luft weg. Die emotionelle Spannung veranlasst sie zum Luftschnappen, und ein beengtes Empfinden in Brust und Hals entsteht.

Aber auch diesen Problemen sind wir nicht hilflos ausgeliefert! Atem- und Stimmschulung sind äußerst hilfreich, um auch in Stress-Situationen ruhig durchatmen und mit fester Stimme sprechen zu können. *(Vgl. Seite 43 ff.)*

Wenn das Chaos überhand nimmt …

Warten bis zur letzten Minute

Unangenehme Dinge schaffen wir uns oft vom Hals, indem wir sie vor uns herschieben. Manchmal ist das auch gar nicht so schlecht, denn manches hat sich nach einer gewissen Zeit von selbst erledigt. Vieles, aber nicht alles. Und bevorstehende Prüfungen oder Tests gehören leider nie dazu. Die Vorbereitungsarbeiten auf den letzten Tag oder die letzte Nacht zu verschieben ist eine schlechte Strategie und hat in der Regel etwas mit der Angst vor der Prüfung oder aber mit schlechter Arbeitstechnik zu tun.

Ich weiß sowieso nicht, was drankommt...

Diese Überlegung ist eine Ausrede. Natürlich kennen wir die Prüfungsaufgaben nicht. Aber Informationen über den Typ von Aufgaben in Einstellungstests gibt es genügend, u. a. in diesem Buch. Die Mühe, sie zu üben, lohnt sich. Wer das Prinzip einmal verstanden hat, wird ähnliche Aufgaben leichter bewältigen als jemand, der sich noch nie mit Einstellungstests beschäftigt hat.

Mein individuelles Prüfungsstressprofil

Tragen Sie zunächst Ihre Antworten auf die Fragen nach Gedanken, Gefühlen und Tun in Prüfungssituationen in die folgenden Checklisten ein. Sie erstellen sich so ein individuelles Prüfungsstressprofil. Die Fragen der ersten Rubrik beantworten Sie bitte aus dem Gedächtnis. Möglicherweise ist es notwendig, dass Sie sich selbst noch einmal genau in einer Situation beobachten, die einer Prüfungssituation vergleichbar ist.

Die Antworten auf die Frage in der zweiten Rubrik können Sie geben, wenn Sie sich an das bisher Gelesene erinnern. Vielleicht können Sie jetzt auch schon den dritten Fragenkomplex ausfüllen. Ergänzen Sie die Antworten, die Sie jetzt noch nicht geben können, nachdem Sie das dritte Kapitel gelesen haben.

Fertigen Sie sich am besten eigene Listen mit genügend Platz an.

Checkliste

Gedanken

- Was denke ich in einer Prüfungssituation?

  ____

  ____

- Wie nützlich oder schädlich ist dieser Gedanke?

  ____

  ____

- Was ich stattdessen in Zukunft denken werde:

  ____

  ____

Gefühle und Körperreaktionen

- Was fühle ich in einer Prüfungssituation? Wie reagiert mein Körper?

  ____

  ____

- Wie nützlich oder schädlich sind diese Gefühle und Körperreaktionen?

  ____

  ____

- Wie ich in Zukunft meine Gefühle und Körperreaktionen in den Griff bekommen werde:

  ____

  ____

→

Handlungen

- Was tue ich vor und während einer Prüfungssituation?

____

____

- Welche Handlungen sind nützlich oder schädlich?

____

____

- Was ich in Zukunft tun werde, um Prüfungsstress zu vermeiden:

____

Jetzt haben Sie eine Übersicht darüber, wie Stress in Prüfungssituationen bei Ihnen entsteht. Dieses individuelle Profil wird Ihnen in Zukunft helfen, Ihren Prüfungsstress besser in den Griff zu bekommen.

Später können Sie die Informationen der folgenden Kapitel auswerten, um herauszufinden, woran Sie sinnvollerweise arbeiten sollten. Auf der Grundlage Ihres Stressprofils können Sie dann Ihren ganz persönlichen Maßnahmenplan erstellen, der Ihnen helfen wird, Ihre Vorsätze in die Tat umzusetzen. Denn erst ein Katalog von Maßnahmen wird den verstreuten Notizen in den Checklisten die nötige Struktur geben, die eine Umsetzung möglich macht. Und er erleichtert die Überprüfung Ihrer Fortschritte.

Alles im Griff?!

Unsere Angst besiegen wir nur dadurch, dass wir Angst auslösenden Situationen begegnen, statt ihnen aus dem Weg zu gehen. Wenn wir häufiger die Erfahrung gemacht haben, dass unsere negativen Befürchtungen nicht eintreffen, dann verliert sich die Angst (vorausgesetzt natürlich, dass wir positive Erfahrungen machen konnten). Diese positiven Erfahrungen verschaffen wir uns am besten, indem wir uns gründlich auf eine Stress-Situation vorbereiten. Dazu gehört die Vorbereitung auf den Inhalt und die Vorbereitung darauf, ruhig in die Prüfung zu gehen. Für uns nützlich sind dabei Übungen, mit deren Hilfe wir uns in einen gelassenen und entspannten Zustand versetzen können.

Die Gedanken in Ordnung bringen

So, wie unsere innere Stimme uns Probleme schaffen kann, können wir sie auch bewusst gebrauchen, um schwierige Situationen besser als bisher zu bewältigen. Dazu müssen wir die Gedanken neu ordnen und so verändern, dass sie uns nützen. Im Folgenden erfahren Sie, wie Sie dabei vorgehen können.

Auf den Boden der Tatsachen kommen

Sind wir uns darüber bewusst geworden, dass wir Misserfolge verallgemeinern und sie zu hoch bewerten, können wir beginnen, diese Haltung gezielt zu verändern. Statt uns also nach einem missglückten Test als Versager zu bezeichnen, sollten wir unser Urteil erst einmal auf seinen Realitätsgehalt hin prüfen. Stellen Sie sich dazu folgende Fragen:

- Ist jemand, der einmal einen Test nicht bestanden hat, tatsächlich in jeder Hinsicht ein Versager?
- Kann man wirklich aus jeder einzelnen Handlung auf den ganzen Menschen schließen?
- Ist jemand dumm, weil er eine einzelne Prüfung nicht bestanden hat?

- Inwieweit kann eine Prüfung/ein Test Intelligenz überhaupt messen?

Durch diese und ähnliche Fragen können Sie den Glauben an die Wahrheit Ihrer Gedanken erschüttern und eine der Wirklichkeit angemessenere Einstellung entwickeln. Zusätzlich können Sie sich motivieren durch Sätze wie: »Ich bin sehr gut vorbereitet. Ich werde mich im richtigen Moment an all das erinnern, was ich für die Lösung der Prüfungsaufgaben benötige. Die Prüfung wird mir Spaß machen. Ich werde sehr gut abschneiden.« Man nennt das »positive Selbstinstruktionen«. Sie stärken das Selbstbewusstsein und verringern die Angst. Überlegen Sie sich selbst einige passende Selbstbestärkungen. Sie sollten optimistisch und auch realistisch sein. Auf diesem Weg können sie das pessimistische Ideengut allmählich überwinden.

Unser Tipp:

Um pessimistische Gedanken schneller zu verdrängen, schreiben Sie positive Aussagen auf und verteilen Sie die Zettel überall in der Wohnung. Sie können sie auch an den Badezimmerspiegel kleben. So stellen Sie sicher, dass Sie diese Sätze mehrmals am Tag lesen werden. Durch solche positiven Bestätigungen verändern sich die auf Prüfungssituationen bezogenen Denkinhalte, natürlich verknüpft damit, dass Sie sich auch wirklich auf die Prüfung vorbereiten. Die Sätze allein helfen nicht!

Sich selbst belohnen

In angenehmer Stimmung lernt es sich leichter als mit Angst, Anspannung und Langeweile. Sorgen Sie deshalb für gute

Laune während Ihrer Vorbereitungsarbeit! Versuchen Sie, ein angenehmes Grundgefühl mit der gesamten Prüfungssituation zu verbinden, belohnen Sie sich für erreichte Teilschritte. Gerade in der Prüfungszeit ist es wichtig, dass Sie sich selbst Ihr bester Freund oder Ihre beste Freundin sind. Dabei ist allerdings auf die Art der Belohnung zu achten. Sie sollte konstruktiv und angemessen sein. Kleine Erfolge sollten nicht gleich mit einer Wochenendreise gewürdigt werden. Empfehlenswert sind Aktivitäten wie Joggen, Schwimmen oder Tanzen, denn so fördern Sie gleichzeitig Ihre körperliche Fitness. Das macht nicht nur gute Laune, sondern sorgt auch dafür, dass Ihr Geist wach und leistungsfähig ist.

Glaube kann Berge versetzen

Wir bestehen Prüfungssituationen besser, wenn wir positive Erwartungen an unsere Leistungen haben. Wer an den Erfolg glaubt, beeinflusst die äußeren Bedingungen zu seinen Gunsten. Die Kraft der Zuversicht ist eine reale Macht. Das hat nichts mit der »Macht des positiven Denkens« zu tun, die unsere eigenen Schwächen ausblendet. Das Vertrauen in den eigenen Erfolg hat nichts mit einer rosaroten Brille zu tun. Wenn wir uns auf das konzentrieren, was wir können, werden wir an der Verbesserung unserer Fähigkeiten arbeiten und damit auch unsere Schwächen verringern. Wenn wir allerdings immer wieder nur darüber nachdenken, was wir alles nicht können, fühlen wir uns schnell ohnmächtig und überfordert. Schließlich können wir aus dem gesamten Spektrum aller möglichen Fähigkeiten nur einen geringen Teil beherrschen. Es wird immer viel mehr geben, zu dem wir nicht in der Lage sind. Das trifft auf jeden Menschen zu. Erfolgreich aber sind nur diejenigen, die sich auf ihre Fähigkeiten konzentrieren und diese nutzen und ausbauen.

Die Hürde als Chance

Eine optimistische Grundhaltung wird Ihnen immer hilfreich sein. Pessimisten sind weniger erfolgreich als Optimisten, weil sie aufgeben, wenn ihnen etwas nicht beim ersten Anlauf gelingt. Optimisten dagegen machen trotzdem weiter. Pessimisten betrachten die Hürden auf ihrem Weg eher als unangenehme Schwierigkeiten, Optimisten nehmen sie meist als Chancen wahr, die sich ihnen bieten und die eine Herausforderung darstellen.

Aus dem Teufelskreis negativer Erwartungen und schlechter Leistungen können Sie ausbrechen, wenn Sie nicht mehr über einen zu erwartenden Misserfolg nachdenken. Stellen Sie sich stattdessen die Frage, was Sie bereits beherrschen und wie Sie Ihre Fähigkeiten noch verbessern und ergänzen können. Dann werden Sie einen Erfolgskreis in Gang setzen.

Auch mal fünfe grade sein lassen

Wenn wir alles perfekt machen wollen, vergeuden wir unter Umständen sehr viel Energie. Dies erklärt sich folgendermaßen: Um eine Aufgabe zu 80 Prozent zu erfüllen, benötigen wir eine gewisse Menge an Aufwand. Um sie aber zu 100 Prozent zu erfüllen, müssen wir nicht einfach noch mal 20 Prozent mehr Energie investieren, sondern die doppelte Menge, vielleicht sogar noch mehr. Alles hundertprozentig erledigen zu wollen ist oftmals sehr unökonomisch.

Das Streben nach Perfektion belastet uns mehr, als es uns nützt. Es ist Folge verzerrter Wahrnehmung der Realität und schafft viele Probleme. Deshalb ist es wichtig, sich solcher Gedanken bewusst zu werden, um ihnen dann systematisch ihre

Macht zu nehmen. Viele Menschen können schon Änderungen bewirken, indem sie ihre unangemessenen Ansprüche an sich selbst durchschauen und überprüfen. Nützlich ist zudem, über einen längeren Zeitraum aufzuschreiben, was es mit den überzogenen Anforderungen auf sich hat, dürfte doch allein durch diese Notizen schon einiges klarer werden.

Perfektionismus kann auch Ausdruck einer tiefen Selbstunsicherheit sein. Dann ist es vor allem wichtig, etwas für den Aufbau des Selbstbewusstseins zu tun. Gute Vorsätze allein genügen in diesem Fall nicht, Veränderungen verlangen hier eine intensive Beschäftigung mit der Selbstwertproblematik.

Wichtig ist, was ich selber will

Finden Sie heraus, was Sie selber wollen. Schaffen Sie eigene Maßstäbe, und handeln Sie danach. Sie werden Ihre Ziele so mit größerer Begeisterung erreichen, als wenn Sie sich an den Vorgaben anderer orientieren. Zudem werden Ihnen die Menschen bedeutend mehr Respekt zollen, wenn Sie nach Ihren eigenen Prioritäten leben und es nicht länger allen recht machen wollen.

Und erstens kommt es anders ...

Wenn wir immer das Schlimmste erwarten und glauben, ein kleines Versagen vernichte die gesamte Zukunft, dann sollten wir diese Befürchtungen ganz bewusst auf ihren Realitätsgehalt hin prüfen. Falls Sie zu diesen Menschen gehören, fragen Sie sich zuerst, welche Gründe wirklich für Ihre Mutmaßungen sprechen, denn oft lösen sich Ängste durch eine genaue Betrachtung bereits von selbst auf.

Im nächsten Schritt überlegen Sie sich, was schlimmstenfalls passieren kann, wenn Sie den Test wirklich nicht bestehen. Sie richten damit Ihren Blick auf die Möglichkeiten, die sich

Ihnen auch nach einem gescheiterten Versuch bieten. Und überlegen Sie vor allem, welchen Nutzen auch ein gescheiterter Versuch für Sie haben kann. Bedenken Sie, dass die Kenntnis der Testaufgaben und das Erleben einer Prüfungssituation bei weiteren Prüfungen nützlich sind und die Erfahrung, dass auch nach einem missglückten Test die Welt nicht untergegangen ist, Ihnen Kraft für das nächste Mal geben kann.

Feuer und Flamme sein

Ratsam ist es zu prüfen, ob die Ausbildung, für die wir nun den Test hinter uns bringen müssen, auch wirklich die richtige ist. Denn manchmal können sich viele der vorab geschilderten Probleme allein schon durch die Begeisterung für den angestrebten Beruf in Luft auflösen. Dann haben wir nur noch das eine Ziel im Kopf, Prüfungs- und Selbstwertprobleme werden bedeutungslos, ein Gefühl des »Flow« entsteht.

Als Flow bezeichnet man dabei einen Gefühlszustand der Zufriedenheit und des Glücks. Der Mensch befindet sich in einem mittleren Zustand von Erregung, der als angenehm empfunden wird. Flow ist weder belastend – wie bei einer mühevollen Anspannung –, noch bedeutet er die schläfrige Müdigkeit einer totalen Entspannung. Im Flow befinden sich Menschen auf dem Gipfel ihrer Leistungsfähigkeit, weil sie den Anforderungen der Aufgabe voll entsprechen und ganz in der Tätigkeit aufgehen. Es entsteht ein Moment der Selbstvergessenheit: Die Aufmerksamkeit ist ganz auf die Aufgabe gerichtet, die Zeit verstreicht unbemerkt, Ablenkungen werden nicht wahrgenommen. Solche Tätigkeiten sind oft anstrengend, manchmal sogar gefährlich, aber nie langweilig.

Wer gut vorbereitet, mit Engagement und der Bereitschaft, die Dinge anzupacken, in eine Prüfungssituation geht, hat schon das meiste für sich gewonnen. Dynamik, Initiative, Begeisterung und Macherlaune sind hervorragende Mittel gegen Prüfungsangst, ebenso wichtig sind jedoch auch Geduld und Gelassenheit bei Problemen. Bedenken Sie, dass Schwierigkeiten und scheinbare Rückschläge zu allen Herausforderungen des Lebens gehören und wir nicht erwarten können, dass immer alles auf Anhieb gelingt. Niederlagen zu überwinden ist eine Quelle persönlicher Stärke (vorausgesetzt, wir begegnen unseren Schwierigkeiten grundsätzlich mit der Bereitschaft zu lernen, statt mit Mutlosigkeit und Resignation).

Prüfungen sind das Salz in der Suppe

Prüfungen und Tests sind Chancen, unsere Eignung unter Beweis zu stellen und einen Ausbildungsplatz zu bekommen. Statt uns auf das Bedrohliche der Situation zu konzentrieren, sollten wir sie als eine positive Herausforderung sehen, die unseren Ehrgeiz weckt, deren Bewältigung Spaß machen und unser Selbstvertrauen stärken kann. Übungsmaterial gibt es genügend – niemand muss ohne Vorbereitung in eine Prüfung gehen.

Das Gleiche gilt für die Haltung gegenüber Prüfern. Wenn wir überzeugt sind, dass der Prüfer uns persönlich neutral gegenübersteht oder vielleicht sogar die Absicht hat, uns zu unterstützen, dann ist unsere innere Haltung offener, und wir bewältigen die Prüfungssituation deutlich besser. Schließlich machen die Prüfer auch nur ihre Arbeit und haben nichts davon, die Kandidaten reinzulegen. Eher schon sind sie daran interessiert, allen Kandidaten eine faire Chance zu geben.

Lächeln Sie!

Angst engt unser Verhalten ein. Es kann vorkommen, dass wir uns vor Angst kaum bewegen können und wie das Kaninchen vor der Schlange sitzen. An Gespräche oder sogar Lachen ist in diesem Zustand gar nicht zu denken. Dabei ist gerade dies ein gutes Mittel gegen Anspannung und Nervosität. Ein Gespräch mit anderen Prüfungskandidaten anzufangen, für einen Moment an etwas anderes zu denken, der Situation vielleicht sogar ihre komischen Seiten abzugewinnen nützt allen.

Lachen ist gesund. Dieses alte Sprichwort gilt auch hier. Humor ist eine Wundermedizin gegen Angst und Unsicherheit. Durch Humor gelingt es uns, Distanz zu gewinnen. Wir entdecken das Absurde an einer Sache, und unser Lachen gibt Freiheit und schafft innere Entlastung. Es löst muskuläre Verspannungen, es sorgt für eine verstärkte Atmung und eine bessere Sauerstoffzufuhr zum Gehirn.

Und vor allem: Humor verbessert den Gedankenfluss; er lässt neue Ideen sprudeln. Wir finden etwas komisch, weil eine Norm verletzt wird, weil Dinge in Frage gestellt werden, weil bisher Selbstverständliches plötzlich absurd erscheint. Feste Strukturen lösen sich in ihre Bestandteile auf, die Einzelelemente werden neu zusammengefügt. Es gibt kaum ein besseres Mittel, die eigene geistige Beweglichkeit anzuregen. Und das ist ja bei einem Test schon fast das Wichtigste. Sie werden merken, dass Sie sich Ihren Aufgaben viel lockerer stellen können.

Unser Tipp:

Hilfreich direkt vor einer Prüfung ist der folgende Trick: Lächeln Sie – am besten an einem Ort, an dem Sie nicht gesehen werden – bewusst 60 Sekunden lang übertrieben stark. Dadurch werden Stresshormone abgebaut und das Gehirn dazu angeregt, Glückshormone auszuschütten.

Konzentration statt Konfusion

Wenn wir aufgeregt sind, zittern unsere Hände, und der Versuch, sie zur Ruhe zu bringen, macht oft alles nur noch schlimmer. Auch das Bemühen, Schweißausbrüche zu unterbinden, hat keinen Erfolg. Durch den Kampf gegen die körperlichen Symptome der Angst erreichen wir genau das Gegenteil von dem, was wir erreichen wollen. Je mehr wir uns dagegen wehren, umso stärker erleben wir die Situation als Stress. Statt weniger schüttet der Körper mehr Stresshormone aus, sodass die Symptome stärker statt schwächer werden. Ein wahrer Teufelskreis, den es zu durchbrechen gilt.

Ablenkung – z. B. durch Gespräche mit den anderen Kandidaten – ist eine Möglichkeit, dem Stress zu begegnen. Vor allem aber sollten wir lernen, das Lampenfieber und seine Symptome anzunehmen. Dies gelingt am besten, wenn wir uns klar machen, dass es ein nützlicher Helfer sein kann – wenn wir richtig damit umgehen. Auch Schauspieler haben nach Jahrzehnten auf der Bühne noch Lampenfieber – und sie

Unser Tipp:

Wenn Sie zu starkem Lampenfieber neigen, können Sie es mit der ersten Übung (s. S. 42) auf ein optimales Maß reduzieren. Diese Übung sollten Sie in Ruhe zu Hause machen, bevor Sie zum Test gehen. Selbstverständlich können Sie sie auch sonst jederzeit als Entspannungsübung nutzen. Wenn die Anspannung eher erst unmittelbar vor Beginn der Prüfung zu stark wird, sollten Sie die zweite Übung – eine Atemübung – lernen (s. S. 44 f.). Wenn Sie vor der Prüfung ein paar ruhige Minuten haben, können Sie diese Zeit nutzen, um sich mit dieser Atemübung die nötige Ruhe zu verschaffen.

möchten es gar nicht missen. Ein gemäßigtes Lampenfieber sorgt dafür, dass sie hellwach und voll konzentriert sind. Ohne diese positive Anspannung erreicht kein Darsteller die Bühnenpräsenz, die er für einen wirkungsvollen Auftritt braucht. Auch uns nützt in der Prüfung ein mittleres Maß an Lampenfieber, um alle Reserven voll auszuschöpfen.

Übermäßigem Lampenfieber können wir mit den beiden folgenden Übungen entgegenwirken. Sie steigern die Konzentrationsfähigkeit und schaffen eine leistungssteigernde Vorstufe der inneren Ruhe.

Übung: Body-scan

Zu Beginn lenken wir unsere Aufmerksamkeit auf die Zehen des linken Fußes und stellen uns vor, wir atmen in diese hinein. Wir bewegen uns langsam durch das ganze linke Bein aufwärts und versuchen alle Empfindungen wahrzunehmen, während wir den Atem in die einzelnen Bereiche lenken. Am Becken angekommen, begeben wir uns in die Zehen des rechten Fußes und anschließend wieder zurück ins Becken, dann weiter aufwärts durch den Rumpf, die Lenden, den Bauch, Kreuz, Brust, bis hoch in die Schultern. Als Nächstes atmen wir in die Finger beider Hände hinein. Dann bewegen wir uns durch beide Arme gleichzeitig wieder aufwärts in die Schultern zurück, von dort geht es weiter in den Hals, das Gesicht, den Hinterkopf und den Scheitel, wo wir schließlich wie ein Wal durch ein imaginäres Loch aus- und einatmen. Wir lassen den Atem im wahrsten Sinn des Wortes vom Scheitel bis zur Sohle durch uns hindurchfließen, als würde er durch die Öffnung am Scheitel in uns einströmen und durch die Zehen wieder austreten.

Sie können die Anleitung der beschriebenen Body-scan-Entspannungsübung durchlesen und sich einprägen oder die Anweisungen auf ein Tonband sprechen und während der Übung abhören.

Was Atementspannung bewirkt

Wir können ganz gezielt etwas tun, damit unser Körper weniger Stresshormone ausschüttet. Bewusst und ruhig atmen ist ein besonders gut geeignetes Mittel. Die folgende Atementspannung kann in Ruhe zu Hause über einen längeren Zeitraum eingeübt werden, und man kann sich selbst eine Kurzform für die letzten Minuten vor einer Prüfungssituation basteln.

Atementspannung steigert das körperliche und seelische Wohlbefinden und wirkt dem durch Stresshormone ausgelösten Alarmzustand des Körpers gezielt entgegen. Im Alarmzustand ist ein bestimmter Teil des Nervensystems, das sympathische Nervensystem, aktiviert. Dieses stellt dem Körper Kraft zur Verfügung. Wollen wir ruhig werden, sollten wir den Gegenspieler, das parasympathische System, anregen. Dieses System ist für die Versorgung des Körpers mit Sauerstoff und Nahrung im Ruhezustand verantwortlich. Wenn wir es aktivieren, entspannen sich die Muskeln, das hormonale Gleichgewicht wird wiederhergestellt, der Blutdruck normalisiert sich, der Puls sinkt. Atmen Sie dazu ruhig und bewusst, und Sie werden merken, wie sich auch Ihre seelischen Vorgänge automatisch ändern: Sie empfinden weniger Spannung, Sie werden gelassener, Sie spüren Ruhe in sich selbst. Im Bewusstsein tritt Ordnung ein, die Gedanken kreisen nicht mehr so schnell im Kopf, mehr und mehr gewinnen Sie die Kontrolle über Ihre Gedanken und Gefühle zurück. Ausgeruht und entspannt können Sie mit klarem Kopf über die Aufgaben nachdenken, die im Test gelöst werden müssen.

Übung: Atementspannung

Setzen Sie sich aufrecht auf einen Stuhl, und lockern Sie einengende Kleidungsstücke. Der Atem soll frei fließen können. Stellen Sie die Füße fest auf den Boden, die Hände liegen flach auf den Oberschenkeln oder im Schoß. Lassen Sie die Schultern entspannt aus dem Schultergelenk nach unten hängen, ziehen Sie sie nicht hoch. Der Kopf ist aufrecht. Die Augen können geschlossen oder auch geöffnet sein. Entspannen Sie nun bewusst Ihren Körper.
Übrigens: Sorgen Sie sich nicht darum, ob Sie diese Übung wirklich perfekt durchführen, denn dadurch wird die Entspannung nur unnötig beeinträchtigt.
Nehmen Sie nun sechs tiefe Atemzüge. Lassen Sie sich dabei etwas ins Ausatmen hineinfallen, vielleicht auch mit einem kleinen Seufzer. Atmen Sie dabei immer durch die Nase ein. Und nun beeinflussen Sie Ihren Atem bitte nicht mehr mit Ihrem Willen. Steuern Sie ihn nicht. Es atmet ganz allein in Ihnen. Lenken Sie Ihre Aufmerksamkeit auf die Nase, spüren Sie, wie die Atemluft durch die Nasenflügel hereinkommt und wieder herausströmt. Auch wenn Gedanken Sie ablenken, bringen Sie Ihre Aufmerksamkeit immer wieder auf die Empfindungen in der Nase zurück.
Jetzt lenken Sie Ihre Achtsamkeit auf die Bauchregion. Fühlen Sie, wie sich der Bauch vor- und zurückwölbt, sich nach oben ausdehnt und wieder zusammenzieht. Gut ist es, wenn Sie die Empfindungen in der Nase und in der Bauchregion zugleich spüren können. So ist Ihr Bewusstsein ganz auf das Atmen konzentriert, und bald werden immer weniger Gedanken oder Gefühle Sie belasten. Bei jedem Einatmen denken Sie das Wort »ein«, bei jedem Ausatmen das Wort »aus«. Begleiten Sie den Atem mit Ihren Worten und in Ihrem Tempo.

Unser Atem wird selbstständig geführt. Versuchen wir, mit dem Willen einzugreifen, stören wir ihn eher. Achten wir stattdessen auf die Empfindungen der Atmung, hören wir dem Atem einfach zu, ohne seinen Rhythmus zu beeinflussen, werden wir die Entspannung mehr und mehr spüren.

Sie können die Übung jederzeit einsetzen, den besten Trainingseffekt erzielen Sie jedoch, wenn Sie sie mindestens einmal am Tag etwa zehn Minuten durchführen. Das kann morgens sein, in einer Mittagspause oder am Abend.

Folge dieser Übung: Unser sympathisches Nervensystem ist weniger erregt, es beruhigt sich, indem sich die Atmung normalisiert. Puls und Blutdruck senken sich ab – das hormonale Gleichgewicht wird wiederhergestellt, Muskelverspannung vermindert, die Atmung gleichmäßig und tief. Eine weitere positive Folge ist ein gesteigertes seelisches Wohlbefinden: Wir haben positivere Gefühle, empfinden Ruhe und Frieden, sind gelassen, unsere Gedanken sind geordnet, unsere Wahrnehmung ist klarer, unser Bewusstsein aufgeräumt. Und wir haben auch etwas Wichtiges gelernt: Wir wissen, wie wir Inhalte des Bewusstseins, unsere Gedanken, Erinnerungen und Erwartungen, Wünsche und Bedürfnisse loslassen können.

Wieder stimmig werden

Wenn die Aufregung auf die Stimme schlägt, können wir durch Atem- und Stimmschulung lernen, bewusst und ökonomisch mit unserer Stimme umzugehen. Auch bei emotionellen Belastungen können wir dann ruhig und klar mit anderen kommunizieren.

Möglich ist dies, da Atmung, Stimmerzeugung, Klang- und

Lautbildung durch sich wechselseitig beeinflussende Muskelsysteme gesteuert werden und wir die Spannungszustände der Muskulatur bewusst kontrollieren können.

Mit der folgenden Übung werden Sie ein Gespür für Ihre Muskulatur bekommen und lernen, beim Sprechen den gesamten Körper als Instrument zu nutzen. Ergebnis: Ihre Stimme erhält dadurch mehr Resonanz, und das Reden strengt Sie weniger an.

Übung: Aus der Mitte

Stellen Sie sich aufrecht hin, und lassen Sie zwischen den Füßen etwas Platz. Jetzt schließen Sie die Augen und lassen den Körper langsam vor und zurück, dann nach links und dann nach rechts schwanken. Pendeln Sie um Ihren Schwerpunkt herum, und kehren Sie nach jeder Bewegung zur Mitte zurück. Da alle Muskeln an dem Balancieren beteiligt sind, vertiefen Sie das Gespür für ihr Zusammenspiel. Wichtig ist, dass Sie sich bei dieser Übung das Empfinden für Ihren Schwerpunkt erarbeiten. Er entspricht der so genannten Mitte, aus der der Ton, die Stimme im Idealfall kommen soll. Zur Unterstützung können noch rhythmische Bewegungen hinzugenommen werden. Sie können beispielsweise abwechselnd die Arme schwingen, als würden Sie ein Lasso werfen, und dabei ein rhythmisches »Hoo Hoo« rufen. Durch dieses Schwingen kommt die Stimme allmählich immer besser zur Entfaltung, und schon bald werden Sie die ersten Fortschritte registrieren.

Führen Sie Ihre Stimmübungen stets bewusst und mit hoher Aufmerksamkeit aus. Denn erst dadurch wird jener Spannungszustand der Muskulatur erreicht, der für eine gute Stimmfunktion notwendig ist. Einem sicheren Auftreten ohne Stimmversagen steht dann nichts mehr im Weg.

Übung: »Ja, ich kann's!«

Entspannen Sie sich!
Stellen Sie sich vor, Sie haben ein ungeheures Selbstvertrauen und sind mit sich und der Welt zufrieden. Erinnern Sie sich an eine Situation, in der Sie ein besonderes Hoch erlebt haben, und aktivieren Sie dieses Gefühl. Führen Sie sich vor Augen, wie Sie stehen, wie Sie atmen und wie Sie aussehen, wenn Sie sich in einem solchen Hoch befinden. Wenn Ihnen Ihre Haltung bewusst wird – aufrechter Rücken, Schultern gesenkt, Kopf hoch –, machen Sie mit einer Hand eine Faust, schlagen kräftig in die andere Handfläche und sagen laut: »Ja, ich kann's.« Erleben Sie Ihre Atmung nun ganz bewusst, sie ist tief und kommt aus dem Unterbauch heraus.
Wiederholen Sie die Übung noch einmal, und achten Sie jetzt auf Ihren Gesichtsausdruck: Augen und Kiefer drücken Selbstvertrauen und Entspanntheit aus. Lassen Sie den Gesamteindruck Ihres Körpers kurze Zeit auf sich wirken, und erleben Sie den verbesserten Zustand Ihres Bewusstseins.
Nachdem Sie die Übung mehrmals durchgeführt haben, sollte der erfreuliche seelische Zustand fest in Ihrem Gedächtnis gespeichert sein. Sie können ihn vor oder während einer Angst auslösenden Situation aktivieren, indem Sie einfach eine Faust ballen und sich selbst die Bestätigung geben, die Sie brauchen, auch wenn Sie dabei nur flüstern oder den Satz in Gedanken sagen. Diese Übung sollten Sie häufig wiederholen, damit sich dieses neu erworbene Gefühl von Selbstbewusstsein fest in Ihrer Vorstellung verankern kann.

Selbstvertrauen stärken

Mangelndes Selbstvertrauen erzeugt häufig das Gefühl, den gestellten Anforderungen nicht gerecht werden zu können und nicht in der Lage zu sein, die Situation zu kontrollieren. Die auftretenden Versagensängste und der drohende Kontrollverlust lösen hochgradigen Stress aus.

Mithilfe der Übung auf der vorhergehenden Seite können Sie Ihr Selbstvertrauen stärken. Das wird Ihnen nicht nur in Prüfungen nützlich sein, sondern natürlich auch immer dann, wenn Sie in anderen Fällen mit ungewöhnlichen und aufregenden Situationen konfrontiert werden. In dieser Übung nutzen Sie Ihr Vorstellungsvermögen und lernen, Ihre Gedanken bewusst zu steuern, um Ihr Selbstbewusstsein aufzubauen.

Kraft aus sich selbst schöpfen

In Prüfungssituationen ist es wichtig, dass wir ausgeglichen und ruhig sind, statt abgelenkt und unkonzentriert dazusitzen und uns wie Opfer zu fühlen, denen etwas angetan wird. Aktives Handeln ist angesagt. Wir benötigen hierzu eine enge Verbindung zu uns selbst, die Fähigkeit, uns zu zentrieren. Die Übung auf Seite 49 unterstützt uns dabei.

Ordnung im Chaos schaffen

Wie isst man einen Elefanten? Na, Stück für Stück natürlich! Das heißt: rechtzeitig mit der Vorbereitung beginnen, diszipliniert arbeiten, geschickte Lerntechniken nutzen. Große Bedeutung hat dabei ein kluges Zeitmanagement. Es ist weder effektiv, rund um die Uhr zu lernen, noch bis zum letzten Tag mit dem Training zu warten. Wir sollten unsere Zeit realistisch einteilen. Dazu gehört ein angemessenes Mischungsverhältnis von Lernzeit, Freizeit und Alltagszeit. Wenn Sie mit Ihren Vorbereitungen nicht rechtzeitig fertig werden, sollten Sie prüfen, ob Sie Ihre

Übung: Zentrieren

Das Grundprinzip für das Finden des Gleichgewichts im Unbekannten – in inneren und äußeren Konflikten – ist das Zentrieren. Es führt zu einer gesteigerten Bewusstheit des Augenblicks. Statt Opfer zu sein, dem etwas zustößt, werden wir zum aktiv Handelnden im eigenen Leben. Entspannen Sie Ihren Körper hierfür zunächst vollständig. Schütteln Sie sich aus. Atmen Sie dreimal bewusst ein und aus, und lenken Sie dabei die Aufmerksamkeit in das Zentrum des Bauches. Erweitern Sie Ihre periphere Wahrnehmung. Sehen Sie weit, hören Sie weit, fühlen Sie weit. Erlauben Sie Ihrem Gewicht, unter Ihnen zu sein, und stellen Sie sich vor, Sie würden durch die Fußsohlen einatmen. Denken Sie paradox: Je mehr X (eine Störung), desto stärker achte ich auf mein Zentrum. Oder: Je lauter er schreit, desto ruhiger werde ich mich in meinem Körper fühlen. Stellen Sie sich einen Augenblick eine Situation vor, in der Sie sich von ganz allein zentrieren, um diese Fähigkeit auch in einer Stress-Situation wieder aktivieren zu können.

Zeit richtig organisieren. Führen Sie eine Zeit lang Protokoll über Ihr Arbeits- und Freizeitpensum, und Sie werden herausfinden, wo Sie ineffektiv sind, wo die tückischen Zeitfresser verborgen sind. Und bedenken Sie, dass wir bei der Zeiteinteilung mit uns und nicht gegen uns arbeiten sollten. Wenn wir uns zu etwas zwingen, was wir sowieso nicht schaffen können, ist der Misserfolg bereits programmiert.

Der Fantasie freien Lauf lassen

Wichtig ist es, dass Sie sich innerlich – mental – auf die Prüfung einstellen. Das geht am besten, indem Sie sich die Situation so genau und realistisch wie möglich vorstellen. Dann verliert auch eine beängstigende Prüfungssituation ihre Schrecken. In Ihrer Fantasie haben Sie so schon einmal alles erlebt und die positive Erfahrung gemacht, die Angst auslösende Situation zu überstehen. Genannt wird diese Methode mentales Training, und insbesondere Sportler nutzen sie mit großem Erfolg. Auch Sie können das mentale Training lernen und anwenden.

Übung: Mentales Training

Jeder Mensch besitzt Vorstellungsvermögen und die Fähigkeit, innere Bilder zu erzeugen. Wenn wir neben unserem logischen auch diese Art des Denkens bzw. der Informationsverarbeitung nutzen, schöpfen wir das Potenzial unseres Gehirns besser aus als durch ausschließlich logisches Denken.
Ein lebendiges Vorstellungsvermögen ist die Grundlage für Fantasien und Visionen, die uns leiten und motivieren können. Es lohnt sich, mithilfe der Vorstellung eine Reise in die eigene Zukunft zu unternehmen und in Tagträumen schwierige Situationen durchzuspielen. Auch neue Ideen entstehen auf diese Art leichter. Und nun zur Übung:
Stellen Sie sich im Zustand der Entspannung eine angenehme Szene vor, in der Sie sich sehr wohl gefühlt haben: z. B. im Urlaub am Strand oder im Schnee, beim Wandern im Gebirge oder im Wald. Lauschen Sie noch einmal den Geräuschen und Tönen, die Sie gehört haben, sehen Sie noch einmal alle Bilder dieser Szene, riechen Sie die Gerüche, und spüren Sie Ihren Körperempfindungen nach. Erleben Sie alles noch einmal. Genießen Sie dieses angenehme Gefühl ganz bewusst.
Stellen Sie sich jetzt vor, wie Sie im Laufe des Tages oder in ein oder zwei Wochen einen Test zu bestehen haben. Malen Sie sich auch diese Situation so detailliert wie

möglich aus. Sehen Sie sich den Raum betreten. Schauen Sie genau hin! Wie sieht der Raum aus? Welche Gerüche können Sie wahrnehmen? Was hören Sie? Beobachten Sie dann, wie Sie den Bogen für den Test ausgehändigt bekommen, wie Sie ihn in Ruhe gründlich durchlesen und wie Sie dann, sicher und überlegt, eine Frage nach der anderen beantworten. Dabei fühlen Sie sich ruhig und entspannt. Die Antworten fallen Ihnen schnell ein, rechtzeitig haben Sie alle Aufgaben gelöst. In Ruhe lesen Sie schließlich noch einmal den gesamten Bogen durch und überprüfen Ihre Antworten. Stellen Sie sich vor, dass Sie die verfügbare Zeit ganz ausnutzen und kurz vor Ende der verfügbaren Zeit Ihren Bogen abgeben können. Der Testleiter nimmt den Bogen mit einem freundlichen Lächeln entgegen, und Sie verlassen den Raum angeregt plaudernd, zusammen mit einigen anderen Teilnehmern. Wiederholen Sie dieses mentale Training so lange, bis Sie schließlich die angenehmen Gefühle des Urlaubs auf die Prüfung übertragen können.

Ihr individueller Maßnahmenplan

Wenn Sie zu den Menschen gehören, die eher mit einem Misserfolg als mit einem Erfolg rechnen, oder wenn Sie bereits Prüfungen nicht bestanden haben, sollten Sie sich eine kritische Frage stellen, bevor Sie Ihren individuellen Maßnahmenplan erstellen: »Was habe ich davon, wenn ich versage?« Diese Frage erscheint auf den ersten Blick unsinnig. »Natürlich habe ich nichts davon!«, werden Sie antworten. Setzen Sie sich trotzdem mit der Frage auseinander, und bleiben Sie ehrlich.

Vielleicht ist es ja ganz bequem durchzufallen. Dann haben Sie noch etwas Aufschub, bevor Sie mit einer anstrengenden Ausbildung beginnen. Dies wäre ein Beispiel für mögliche verborgene Gedanken, das auf Sie nicht zutreffen muss. Aber vielleicht entdecken Sie bei genauem Hinsehen ähnliche Überlegungen bei sich selbst. Erst wenn Sie diese geheimen Gedanken wahrgenommen haben, wenn Sie über sie nachgedacht haben, sollten Sie Ihren individuellen Maßnahmenplan in Angriff nehmen.

Schauen Sie sich jetzt noch einmal Ihre Checklisten an. In der Rubrik mit der Überschrift »Handlungen« haben Sie festgehalten, was Sie in der Zukunft ändern möchten. Damit es nicht bei guten Vorsätzen bleibt, sollten Sie jetzt einen Plan erstellen, nach dem Sie diese Veränderungen in die Tat umsetzen wollen.

Hängen Sie sich Ihren individuellen Maßnahmenplan an den Badezimmerspiegel, damit Sie ihn zwischen den vielen Bewerbungsvorbereitungen nicht vergessen.

So, und nun geht es in die Testrunde! Wir fassen zusammen: Eine Menge Stress und Prüfungsangst können Sie sich allein dadurch vom Hals halten, dass Sie sich gut vorbereiten. Und darum werden Sie in den nächsten Kapiteln viele Nüsse zu knacken haben. Aber: Halten Sie durch. Es lohnt sich!

Mein individueller Maßnahmenplan

- Vorsatz

- Was werde ich genau tun?

- Wie kontrolliere ich mich?

Im Rennen – Die Eignungstests

Aufgepasst! Hier ein Satz, der in dieser Form eigentlich in keinem Buch auftauchen sollte: »Dieses Kapitel könnten wir uns sparen.« Denn: Zugegeben, Eignungstests sind manipulierbar, fragwürdig und überhaupt nicht aussagekräftig, und – ja – es ist der Wunsch nach Unmöglichem, nach dem Blick in die Zukunft eines Bewerbers, der Firmen immer wieder auf die neuesten Formen der Intelligenz- und Persönlichkeitstests hereinfallen lässt. Sicher, es sind immer noch die Schauspieler und Verstellungskünstler, welche die Lorbeeren einheimsen. Und natürlich wäre ein Albert Einstein durchgefallen, und von Picasso hätten sie nicht einmal die Bewerbungsmappe genommen.

Diese und andere Argumente sind hinlänglich bekannt. Nur – wozu um alles in der Welt wollen Sie das hören? Sie haben sich für die Bewerbung bei einem Unternehmen entschlossen, das nun einmal auf Auswahlverfahren per Eignungstest vertraut. Jetzt gibt es zwei Möglichkeiten: schimpfen, bis man es schon von weitem hört und Ihre Miene so sauertöpfisch wird, dass Sie an der Gesichtskontrolle scheitern, oder eben lächeln und durch? Na?

Oder wollen Sie etwa sagen, es täte gut, schimpfen, wüten und toben zu können?

Tja, da fällt auch uns kein Gegenargument mehr ein, und deshalb geben wir Ihnen fünf Minuten und die wichtigsten Stichpunkte, um sich auszutoben.

Wichtige Kritikpunkte, die sich in der Tat bei der Beurteilung von Eignungstests anführen lassen, beziehen sich auf:

- die fragwürdigen Grundlagen (Was eigentlich ist Intelligenz, Persönlichkeit oder Berufseignung?)
- die fragwürdigen Test-Inhalte ohne wirklichen Bezug zur Berufspraxis
- die fragwürdige Test-Situation, die für den Prüfling häufig unangenehm und erniedrigend ist
- die fragwürdige Objektivität der Prüfenden und Kompetenz der Auswertenden

Damit aber auch *genug*! Jetzt wird gearbeitet – und gelächelt.

Auf den folgenden Seiten finden Sie Beschreibungen aller derzeit gängigen Testarten sowie ausführliche Übungs- und Trainingsaufgaben. Hier ein kurzer Überblick:

Kenntnistests

☑ Sprache ▶ *Siehe Seite 58 ff.*
☑ Mathematik ▶ *Siehe Seite 68 ff.*
☑ Allgemeinbildung ▶ *Siehe Seite 84 ff.*

Intelligenztests

☑ Scherzfragen ▶ *Siehe Seite 128 ff.*
☑ Knobelaufgaben ▶ *Siehe Seite 134 ff.*
☑ Kombinationsvermögen ▶ *Siehe Seite 140 ff.*
☑ Verbale Intelligenz ▶ *Siehe Seite 150 ff.*
☑ Rechenrätsel ▶ *Siehe Seite 166 ff.*
☑ Mathematische Intelligenz ▶ *Siehe Seite 172 ff.*
☑ Zahlen- und Buchstabenquadrate ▶ *Siehe Seite 176 ff.*
☑ Merk- und Konzentrationsfähigkeit ▶ *Siehe Seite 181 ff.*

- ☑ Räumliches Vorstellungsvermögen ▶ *Siehe Seite 186*
- ☑ Technisches Verständnis ▶ *Siehe Seite 187 ff.*
- ☑ Bildlogik ▶ *Siehe Seite 192 ff.*

Kenntnistests

In diesem Abschnitt geht es vor allem um solide Sachkenntnisse. Abgefragt wird das Wissen, das Sie sich im Laufe Ihres Lebens, in der Schule, in der Ausbildung oder durch die Medien des gesellschaftlichen Lebens bisher angeeignet haben.

Dabei werden durch zahlreiche Aufgaben und Übungen folgende drei großen Bereiche abgedeckt:

- **Sprache** Rechtschreibung, Zeichensetzung und Wortschatz
- **Mathematik** Prozentrechnung, Textaufgaben, Gleichungssysteme, kaufmännisches Rechnen und Zahlenreihen
- **Allgemeinbildung** Politik und Staatsbildung, Politik und Geschichte, Wirtschaft, Geografie, Naturwissenschaften, Literatur, Malerei und Bildende Künste, Musik, Film, Sport

Eines können wir Ihnen dabei mit Sicherheit voraussagen: Sie werden auf zahlreiche Wissenslücken stoßen und viel Neues erfahren. Seien Sie nicht frustriert, wenn Sie immer wieder Fragen falsch beantworten oder sich ratlos am Kopf kratzen. Zum einen erwartet ja niemand von Ihnen, dass Sie tatsächlich in allen behandelten Bereichen versiert und bewandert sind. Auch in einem Einstellungstest wird das niemand tun. Zum anderen haben wir mit dieser Auswahl an Fragen und Übungen absichtlich einen größeren Rahmen abgesteckt und höhere Maßstäbe gesetzt, als im Ernstfall auf sie zukommen werden. So gehen Sie mit Sicherheit für alle Eventualitäten gerüstet ins Rennen – und ganz gewiss mit einem sicheren Vorsprung. In diesem Sinne. Auf die Plätze – fertig – los!

Sprache

Rechtschreibung/Zeichensetzung

Korrigieren Sie in den nachfolgenden Texten die vorhandenen Fehler, und vervollständigen Sie die Zeichensetzung! Es gilt die neue deutsche Rechtschreibung.

Der erste Marathonlauf der Frauen bei Olympischen Spielen
Die Siegerin lief strahlend durch das Ziel. Leicht und lokker wie viele andere auch. Zur Tragödie aber und gleichzeitig zu einem Bild des Grauens wurde der Lauf der Gaby Andersen-Schiess, die zuvor bereits einige grosse Marathonläufe gewonnen, hier aber die letzte Versorgungsstelle verpaßt hatte und unter grossem Wasserverlust nach einem Hitzschlag ins Stadion wankte. Ein Reporter berichtete darüber:

Sieg des Willens oder Grimasse des Sports?

»Nach 35 Kilometern kommt die Wand«, sagen viele Marathonläufer. Diese Wand hätte Gaby Andersen-Schiess beinahe erschlagen. Diese Bilder werden nicht nur in die Geschichte des Marathons eingehen. In der Geschichte des Sports werden diese Bilder zukünftig hoffendlich Antwort auf die Frage geben: »Wie weit darf ein Mensch gehen, um sich seine Träume zu erfüllen?« Darf er bis zum äußersten gehen? Sogar bis in den Tod?

Die Frau wanckt aus dem Tunnel in die strahlend heiße Sonne. Die Frau läuft nicht, sie torkelt. Steif und steltzig setzt sie ein Bein vor das andere. Ihr Oberkörper ist zur Seite abgeknikt. Das Gesicht hat sie schräg nach oben gedreht. Die Bewegung der Arme der Beine des Körpers sind zuckend, abgehackt, verzehrt. Unendliche, quällende fünf Minuten lang wanckt die Frau um die Bahn. Jeder Schritt ist eine Tourtur. Es scheint, als sei ihre linke Seite nahezu gelähmt. Auch das Gesicht zeikt auf dieser Seite keine Spannung mehr. Lippen und Wange hängen schlaff. Ist daß die Grimasse des Sports? Das grinsende Spiegelbild einer Menschheit, die sich nur noch an Extremen ergöttzen kann? Oder ist dies der Sieg des Willens, des Intelleckts über die Schwäche des Fleisches? Erleben wir hier einen Triumph des Menschen oder seine zynische Karrikatur? Ärzte laufen neben der Frau. Sie strecken ihre Arme aus aber sie berühren die Frau nicht. Wenn sie gestützt, gehalten, geführt wird, ist das Rennen für sie beendet. So ist das Regllement. Aber ist es wirklich noch ein Rennen? Warum erlöst keiner der Ärzte diese Frau? Wer gibt ihnen das Recht, die Qual des Menschen zum Schauspiel zu machen? Gaby Andersen-Schiess macht den letzten Schritt, über die Zielinie. Die Ärzte fangen sie auf, legen ihr ein kaltes Tuch in den Nacken, betten sie auf die Trage, kühlen Kopf und Stirn. Die Frau auf der Trage verschwindet durch eine Tür aus der Arrena. Die Menschen atmen auf, sie fühlen sich erlöst von der Schuld, zugeschaut und nichts getan zu haben. Der Spuk ist vorüber. Gaby Andersen-Schiess wird in das Medical-Center des Stadions gebracht.

Diagnose: Ihr Körper ist völlig ausgetrocknet, Hitzestau.

Behandlung: Intravenuöse Zuführung von Mineralien, Aufnahme von Flüsigkeit.

Nach kurzer Zeit kommt sie zu sich. Eine Stunde bleibt sie liegen. Nach zwei Stunden ist sie wieder in ihrem Zimmer im olympischen Dorf. Ein unvorstellbarer, hysterischer Ansturm setzt ein. Zeitungen, Radiostationen, Fernsehsender. Die Welt will wissen wer diese Frau ist. Und sehen, daß sie noch lebt. Am Abend, zwölf Stunden danach erscheint sie auf dem Bildschirm des TV-Senders ABC. Sie lächelt. Triumph des Willens über die Schwäche des Fleisches!?

Lösung siehe Seite 218

Absolute Sicherheit !?
Konsequenzen der Terroranschläge von Madrid

Zweieinhalb Jahre nach den Terroranschlägen auf das Word Trade Zenter in den Vereinigten Staaten ist es leider erneud zu sehr blutigen Teror-Aktivitäten in Madrit gekommen.

Nach den Anschlägen von Madrit fällt es schwer, einen kühlen Kopf zu bewaren. Das sich zu Trauer und Entsezen auch Wut geselt, ist sehr menschlich. Das verlokkt manche Politiker, mit markigen Forderungen für sich und ihre Parteien und Gedanken Stimung zu machen. Von demokratischen Politikern muss erwartet werden, das sie populistischen Gedanken und Aufforderungen nicht nachgeben.

Millionen Menschen demonstrierten nach den Anschlägen – für den Frieden, gegen Terorismus und nicht für Rachefeldzüge und härtere Strafen. Islamistische Teroristen wollen einen Krieg zwischen Christen und Moslems. Eine der wirkungsvollsten Waffen des Terrornetzwerkes El Kaida und seines idelogischen Lenkers bin Laden ist die Gedult. Bin Laden und seine Handlanger legen ihren Krieg gegen das westliche Wertesistem über Generationen an. Sie halten sich für auserkohren, ihre verschrobene Vorstellung einer islamisch-fundamentalistischen Welt radikal durchzusetzen – ganz gleich, wie viele Jahre und Menschenleben es kostet. Dabei entfernen sie sich Lichtjare von Mohammeds Religion, die soziale Ordnung und ineren Frieden predigt.

In einigen Ländern haben Politiker die Forderung nach sehr strengen Kontrolen in Bahnhöfen erhoben. Wer dergleichen fordert, weckt entweder Hoffnung auf ein Maß an Sicherheit, dass es nie geben wird, oder er näme uns einen entscheidenden Teil der Bewegungsfreiheit, die das Kenzeichen einer demokratischen Gesellschaft ist. Wer heute alle Bahnhöfe sehr intensiv kontroliert, muss das Gleiche morgen auch mit allen Schulen, Einkaufszentren, Sportplätzen usw. durchführen. Der Einsatz von Pantzern auf Bahnhöfen kann doch wohl nur als Schreckensszenario betrachtet werden. Zum totalitären Überwachungsstat wäre es nur noch ein kleiner Schritt.

Es muß unbedingt eine gemeinsame Abschätzung der europäischen und internationalen Sicherheitslage erfolgen und die Abwehrmaßnahmen aller zivilisierten Staaten müssen aufeinander abgestimt werden.

Eine Aussetzung des Schängener Abkommens darf in Europa nicht ernsthaft diskutiert werden. Das bedeutet allerdings nicht, dass es besonders sporadisch und begründet zu intensiven polizeilichen Maßnamen kommen muss.

Unsere unlängst verschärften Gesetze geben den Geheimdiensten genügend Möglichkeiten, wenn sie ausreichende Mittel haben. An Geld und Personnal darf es nicht fehlen, damit der Kampf gegen den Terorismus profesionell und erfolgreich durchgeführt werden kann. Terrorismus lässt sich – wenn überhaupt – nur durch die Aufklärungsarbeit der internationalen Geheimdienste verhindern. Wo es nötig wird, kann die Bundeswer schon heute Amtshilfe leisten. Ansonsten sollte die Bekämpfung terroristischer Verbrechen Sache der Polizei in Verbindung mit den Geheimdiensten sein.

Der weltweite Teror ist einerseits blanker Haß, andererseits hat er Ursachen wirtschaftlicher, politischer und militärischer Art, die nicht übersehen und unterschätzt werden dürfen. Es darf nicht verkant werden, das die Kluft zwischen Armen und Reichen immer größer wird. Es muss auch hingewiesen werden auf die Durchsezung egoistischer Interessen bestimmter politischer und ökonomischer Grupierungen. Zu hinterfragen sind natürlich auch z. B. die Siedlungspolitik Israels, die Glorifizierung der Selbstmord-Atentäter der Palästinenser (oft Kinder und Jugendliche) und der Bombenteror der ETA (8000 Tote für ein unabhängiges Baskenland?).

Lösung siehe Seite 220

Begriffe

Was versteht man unter den folgenden Begriffen? Sie sollten diese Aufgabe in 15 Minuten bewältigen können.

1 *Blaues Kreuz*
a) Verein zur Bekämpfung des Alkohols
b) die Schwesterorganisation des Roten Kreuzes in Afrika
c) christliches Symbol
d) Verkehrszeichen

2 *Blauröcke*
a) traditionelle schottische Kleidung
b) Feuerwehrleute c) Jäger d) Modetrend

3 *Bœuf Stroganow*
a) Rind, das mit Rinderwahnsinn infiziert ist
b) russischer Komponist
c) kleine Filetstücke in pikanter Soße
d) Dessert

4 *Bouillabaisse*
a) Fischsuppe
b) Fachbegriff an der Börse
c) französisches Schimpfwort
d) niedriges Tor

5 *Braunhemden*
a) Männer, die gern braune Kleidung tragen
b) Kampfgruppe der Nazis
c) Durchfall
d) Modetrend

6 *Chateaubriand*
a) Schloss bei Paris
b) dicke Rinderlendenschnitte
c) Cognacsorte
d) Dessert

7 *Cordon bleu*
a) blauer Knoten
b) Angriffsformation der französischen Fußballnationalmannschaft
c) Kalbssteak mit Käse und Schinken
d) Fachbegriff im Golf

8 *Das gelobte Land*
a) Ägypten
b) der Garten Eden
c) Deutschland
d) Palästina

9 *Der blaue Engel*
a) Cocktail
b) betrunkene Schönheit
c) hochprozentige Süßigkeit
d) Marlene Dietrich

10 *Dicke Berta*
a) 42-cm-Mörser im Ersten Weltkrieg
b) Kosename für eine etwas dickere Frau
c) Mieder
d) bestimmte Art der Straßenlampen

11 *Die Blau-Gelben*
a) französische Fußballnationalmannschaft
b) die Fußballmannschaft von Borussia Dortmund
c) F.D.P.
d) Rettungssanitäter

12 *Die Ewige Stadt*
a) Paris b) Bonn c) Peking d) Rom

13 *Dreifaltigkeit*
a) Papst, Petersdom und Vatikan
b) Gott Vater, Sohn und Heiliger Geist
c) Bild von Raffael
d) Bezeichnung für die Bibel

14 *Dreikampf*
a) Boxkampf zwischen drei Parteien
b) einstiger Wettbewerb im Gewichtheben
c) Sportart im alten Rom
d) Tauziehen mit drei Personen

15 *Dritter Stand*
a) Bürgertum im Mittelalter
b) Gehstock
c) Kessel mit drei Beinen
d) Bauern

16 *Eiserne Lunge*
a) Gerät zur Wiederbelebung
b) Gerät zur künstlichen Beatmung
c) Waldgebiet in Industriestädten
d) Ersatzteil für Automotor

17 *Eiserner Kanzler*
a) Willy Brandt
b) Gerhard Schröder
c) Konrad Adenauer
d) Reichskanzler Fürst Bismarck

18 *Frikassee*
a) klein gehacktes Fleisch
b) Ragout aus weißem Fleisch
c) elegante Kopfbedeckung
d) Gemüsesuppe

19 *Goldenes Buch*
a) wertvolles Notizbuch
b) Bibel
c) Gästebuch einer Stadt
d) Drehbuch, das den Oscar gewonnen hat

20 *Kaiserbart*
a) glatt rasiertes Gesicht
b) Glatze
c) Backenbart
d) Vollbart

21 *Kaisermantel*
a) Mantel aus edlem Pelz
b) Schmetterling
c) Glockenblume
d) Bodendecker

22 *Königsstuhl*
a) Gebirge bei Hameln
b) Thron
c) Kreidefelsen auf Rügen
d) Landschaft in Kalabrien

23 *Paella*
a) spanischer Tanz
b) spanischer Dialekt
c) Mischung aus Fleisch, Geflügel, Fisch, Gemüse, Reis usw., spanisches Gericht
d) hochprozentiges Getränk

24 *Roquefort*
a) Adelstitel in Frankreich
b) französische Region
c) Schaf-Schimmelkäse
d) rotes Fort

25 *Rotbart*
a) rothaariger Mann
b) Kaiser Friedrich I. (Barbarossa)
c) Rübezahl
d) Schnäuzer

26 *Rote Armee*
a) Armee der ehemaligen Sowjetunion
b) Armee der Baltenstaaten
c) chinesische Polizei
d) Kommunisten

27 *Sago*
a) gekörntes Stärkemehl
b) Backtriebmittel
c) Hartweizengrieß
d) Hülsenfrucht

28 *Silberhochzeit*
a) 10-jährige Ehe
b) 50-jährige Ehe
c) 20-jährige Ehe
d) 25-jährige Ehe

29 *Silberpfeile*
a) Rennwagen der 30er-Jahre
b) treffsichere Pfeile
c) Amors Pfeile
d) Flugzeuge

30 *Tor zur Welt*
a) Hamburg b) Berlin c) Rom d) Rotterdam
Lösungen siehe Seite 222

Mathematik

Prozentrechnung

1. Der Preis einer Ware wird im Mai um 6 2/3 % gesenkt und im Juni um 7 % erhöht. Der Verkaufspreis beträgt jetzt 256,50 Euro. Wie hoch war der ursprüngliche Verkaufspreis?
2. Ein Kunde zieht von einer Rechnung über 904,00 Euro 3 % Skonto ab. Wie hoch ist der Skonto in Euro?
3. Auf Grund einer Mängelrüge erhält ein Kunde auf einen Rechnungsbetrag von 2982,00 Euro einen Preisnachlass von 14 2/7 %. Wie viel Euro beträgt der Preisnachlass?
4. Eine Maschine wird nach ihrer Anschaffung im ersten Jahr mit 16 2/3 % vom Anschaffungswert und in den beiden folgenden Jahren mit jeweils 16 2/3 % vom Restwert abgeschrieben. Am Ende des dritten Jahres steht sie mit 1603,80 Euro zu Buch. Wie hoch war ihr Anschaffungswert?
5. Eine Kaffeerösterei will 360 kg Röstkaffee herstellen. Wie viel kg Rohkaffee werden dazu benötigt, wenn der Röstverlust 14 2/7 % beträgt?
6. Ein Artikel wird von einem Einzelhändler mit 24 % Gewinn zu 415,65 Euro verkauft. Wie viel Euro beträgt der Selbstkostenpreis?
7. Eine zweifelhafte Forderung wurde zum 31. 12. nach Abschreibung von 33 1/3 % mit 4566,75 Euro bewertet. Wie hoch war die ursprüngliche Forderung?
8. Nach einer Preissenkung von 12 1/2 % kostet eine Jeans 84,00 Euro. Wie viel Euro beträgt die Preissenkung?
9. Der Stundenlohn eines Arbeitnehmers wird um 1,85 % erhöht. Er beträgt jetzt 20,37 Euro. Außerdem bekommt er eine Stundenzulage von 0,33 Euro. Wie viel Euro betrug der Stundenlohn vorher und um wie viel Prozent wurde der Lohn insgesamt erhöht?

10 Ein Handelsvertreter erhält ein monatliches Fixum von 1700,00 Euro und zusätzlich 3,2% der von ihm vermittelten Umsätze als Provision. Er strebt ein Bruttoeinkommen von 6500,00 Euro an. Welchen Jahresumsatz muss er dann erzielen?

11 Ein Stoff wiegt vor der Ausrüstung (Färben, Appretieren u. a.) 2340 kg. Infolge der Ausrüstung wird er um $2\,{}^{8}/_{9}$% schwerer. Wie viel kg wiegt der Stoff nach der Ausrüstung?

12 Thomas Helmer macht eine Erbschaft und muss 8% Erbschaftssteuer (d. h. 16 437,80 Euro) zahlen. Wie hoch war die Erbschaft?

13 Nach einer Preiserhöhung um $11\,{}^{1}/_{9}$% kostet ein Fernseher 1000,00 Euro. Wie teuer war der Fernseher vorher?

14 Die Maurerarbeiten eines Neubaus werden gegenüber dem Kostenvoranschlag um $3\,{}^{1}/_{2}$% billiger für 84 920,00 Euro ausgeführt. Wie hoch war der Kostenvoranschlag?

15 Das Geschäftshaus eines Großhändlers ist mit 900 000,00 Euro gegen Feuer versichert. Wie viel Euro sind jährlich zu zahlen, wenn die Versicherungsprämie 2,5 ‰ beträgt?

16 Wie viel Euro betrug der Listenpreis, wenn ein Kunde beim Einkauf einer Ware nach Abzug von 8% Rabatt und 3% Skonto 2164,07 Euro überweist?

17 Ein Kunde meldet Konkurs an. Unsere Forderung an ihn beträgt 14 260,00 Euro. Nach Abschluss des Konkursverfahrens erhalten wir als Abschlusszahlung 5347,50 Euro. Wie viel Prozent der Forderung sind damit uneinbringlich?

18 Ein Vater verdient im Monat 40% mehr als sein Sohn. Die Mutter verdient die Hälfte von dem, was der Sohn verdient. Die Tochter (Auszubildende) verdient ${}^{2}/_{3}$ dessen, was die Mutter verdient. Das Gesamteinkommen der Familie beträgt 9700,00 Euro. Wie viel Ausbildungsvergütung erhält die Tochter?

19 Von einem Kredit wurde bereits 1/3 zurückgezahlt. Wenn der Kreditnehmer 4800,00 Euro zurückzahlt, verbleibt eine Restschuld von 2400,00 Euro. Wie hoch war der Gesamtkredit?

Lösungen siehe Seite 222

Zinsrechnen

1 Herr Pumpelmus legt 6000,00 Euro zu 5 1/8% an und bekommt dafür 51,25 Euro Zinsen. Wie viele Tage hat er das Kapital ruhen lassen?

2 Ein Kapital von 26 400,00 Euro wächst in 36 Tagen auf 26 532,00 Euro an. Welches Kapital hatten wir ausgeliehen, wenn wir 70,00 Euro Zinsen in 35 Tagen zu denselben Bedingungen erhielten?

3 Welches Kapital bringt vom 2. Juni bis zum 8. Oktober zu 6 1/4% genau so viel Zinsen, wie ein Kapital von 30 000,00 Euro zu 6% vom 16. April bis zum 6. September?

4 Wann wurden 5600,00 Euro fällig, wenn am 30. Oktober 5628,00 Euro einschließlich 6% Verzugszinsen zurückgezahlt wurden?

5 Ein Kaufmann bezahlte für einen Kredit von 28 000,00 Euro vierteljährlich 220,50 Euro Zinsen. Welcher Zinssatz wurde berechnet?

6 Die Blau KG hat das Konto bei der Stadtsparkasse um 1200,00 Euro überzogen. Der Zinssatz beträgt 12%, die Überziehungsprovision 3/4% vom überzogenen Betrag. Für Überziehungsprovision und Sollzinsen werden insgesamt 23,00 Euro berechnet. Für welche Zeit wurde das Konto überzogen?

7 Ein Computer wird bar zu 1920,00 Euro verkauft. Bei einer Ratenzahlung müssen 164,40 Euro angezahlt werden; der Rest ist in 6 Monatsraten zu je 315,00 Euro zu tilgen.

a) Wie viel % ist der Ratenpreis höher als der Barpreis?
b) Welchem Zinssatz entspricht der Aufschlag?

8 Nach Abzug von 12 % Zinsen für 120 Tage und 1 % des Darlehens für Bearbeitungsgebühr zahlt ein Kreditinstitut 28 500,00 Euro aus. Wie hoch war das Darlehen?

Lösungen siehe Seite 226

Dreisatzaufgaben

1 Bei einem täglichen Bedarf von 150 Blatt reicht das Fotokopierpapier 60 Tage. Wie viele Tage reicht der Vorrat, wenn der Tagesbedarf auf 180 Blatt ansteigt?

2 Ein Auto verbraucht auf 100 km durchschnittlich 9,8 Liter. Wie viel Liter verbraucht es für eine Strecke von 530 km?

3 Zum Belegen der Geschäftsräume mit Teppichboden benötigen wir 30 Rollen mit einer Breite von 1,50 m. Wie viele Rollen werden bei einer Breite von 1,80 m benötigt?

4 23 Arbeiter brauchen für einen Auftrag 15 Tage zu je 8 Stunden. Wie viele Arbeiter müssten noch hinzugezogen werden, wenn der Auftrag in 10 Tagen fertig sein soll und die tägliche Arbeitszeit um 20 Minuten reduziert wird.

5 Eine Backwarenfabrik arbeitet bisher mit 8 Backöfen und stellt 6300 Brote bei 12-stündiger Arbeitszeit her. Die Fabrik erhöht die Backöfen auf 10, und die tägliche Arbeitszeit wird auf 2 Schichten mit je 8 Stunden ausgedehnt. Wie viele Brote können danach gebacken werden?

6 In einem Supermarkt mit 920 m^2 Einkaufsfläche putzen 5 Personen von 19 bis 23 Uhr. Die Verkaufsfläche wird auf 1127 m^2 ausgeweitet und die Arbeitszeit um 30 Minuten gekürzt. Wie viele Personen müssen jetzt zusätzlich eingestellt werden?

7 Ein Fuhrunternehmen hat bisher unter Einsatz von 4 Fahrzeugen und 8 Mitarbeitern, die täglich je 5 Stunden gear-

beitet haben, einen Auftrag erledigen können. Bei doppeltem Auftragsvolumen sollen zukünftig 5 LKW und 10 Mitarbeiter eingesetzt werden. Wie viele Stunden und Minuten muss jetzt jeder Mitarbeiter täglich eingesetzt werden?

8 Ein Fass mit 75 l Speiseöl soll in 3/8-Liter-Flaschen umgefüllt werden. Wie viele Flaschen werden benötigt, wenn mit 4,0 % Abfüllverlust zu rechnen ist?

9 Der LKW eines Spediteurs verbraucht auf 100 km 30 Liter Kraftstoff. Die Monatsabrechnung der Tankstelle ergab einen Betrag von 6336,00 Euro. Der Preis für einen Liter betrug 1,10 Euro. Wie viel Liter verbrauchte der LKW und welche Strecke hat er zurückgelegt?

10 Für Inventurarbeiten benötigten im Vorjahr 14 Angestellte bei einer täglichen Arbeitszeit von 8 Stunden 6 Tage. In diesem Jahr sollen die gleichen Arbeiten in 4 Tagen beendet sein, aber täglich sollen nur 7 Stunden gearbeitet werden. Wie viele Angestellte müssen für die Arbeit eingesetzt werden?

11 Um einen Lastzug zu entladen, benötigen 3 Mitarbeiter bei einer Arbeitszeit von 8 Stunden täglich 2 1/2 Tage. Wie viele Stunden brauchen 4 Mitarbeiter für die gleiche Arbeit?

12 Ein Großhändler erhielt eine Sendung von 22 t Zement zum Einkaufswert von 4048,00 Euro. Eine Folgesendung über 28 t rechnete der Zementhersteller mit 5432,00 Euro ab. Wie viel Euro betrug die Erhöhung des Bezugspreises je t und je 50-kg-Sack?

13 Für die Füllung eines Schwimmbeckens stehen insgesamt 5 Zuflüsse zur Verfügung, die folgendermaßen geschaltet werden können: 3 Zuflüsse zu je 4000 l in der Stunde oder 2 Zuflüsse zu je 7500 l in der Stunde. Wird das Becken über die 3 Zuflüsse gefüllt, beträgt die Füllzeit 30 Stunden. Wie

viele Stunden dauert die Füllung über die 2 Zuflüsse zu je 7500 l?

14 Bei 8-stündiger Arbeitszeit je Arbeitstag benötigen 6 Näherinnen für einen Auftrag über die Anfertigung von 500 Oberhemden 5 Arbeitstage. In welcher Zeit lässt sich ein ähnlicher Auftrag über 750 Hemden ausführen, wenn eine Näherin wegen Erkrankung ausfällt und die übrigen dafür eine Überstunde pro Tag leisten?

15 Eine Arbeitskolonne von 60 Personen verursacht 30 000,00 Euro Lohnkosten. Um wie viel Euro würden die Kosten steigen, wenn 90 Personen eingesetzt werden müssten und die tägliche Arbeitszeit von 8 Stunden um 20 Minuten reduziert würde?

Lösungen siehe Seite 223

Gewinnverteilung (Verteilungsrechnen)

1 An einem Unternehmen sind vier Gesellschafter beteiligt. A mit $^1/_4$, B mit $^1/_5$ und C mit $^1/_6$ sowie D mit dem Rest des Gesamtkapitals. Der erzielte Gewinn soll nach den Kapitalanteilen verteilt werden.

Welchen Gewinnanteil erhalten die vier Gesellschafter? (Vervollständigen Sie bitte die nachfolgende Tabelle!)

Gesellschafter	Anteile	Gewinn in Euro
A	$^1/_4$	
B	$^1/_5$	
C	$^1/_6$	
D		
Gesamtgewinn		73 260,00

2 An einem Unternehmen sind vier Personen beteiligt. A mit 30 000,00 Euro, B mit 35 000,00 Euro, C mit 55 000,00 Euro und D mit $^1/_3$ des Gesamtkapitals.
Der Gewinn von 270 000,00 Euro soll nach den Kapitalanteilen verteilt werden.
Welchen Gewinnanteil erhalten die vier Gesellschafter? (Vervollständigen Sie bitte die nachfolgende Tabelle!)

Personen	Kapital in Euro	Teile	Gewinn in Euro
A	30 000,00		
B	35 000,00		
C	55 000,00		
D			
Gesamt			270 000,00

3 Für eine Messe schließen sich drei Unternehmer zusammen und mieten gemeinsam einen Werbestand. Die anfallenden Kosten werden wie folgt verteilt: A zahlt $^1/_3$, B $^2/_5$ des Gesamtbetrages und C zahlt 3740,00 Euro.
Wie viel Euro betragen die Gesamtkosten und die Kosten für A und B? (Vervollständigen Sie bitte die nachfolgende Tabelle!)

Personen	Anteile	Gewinn in Euro
A	$^1/_3$	
B	$^2/_5$	
C		3740,00
Gesamt		

4. Die Gesellschafter A, B und C erzielen einen Gewinn von 225 000,00 Euro.
A ist mit 350 000,00 Euro beteiligt, B mit $1/3$ des Kapitals = 250 000,00 Euro und C mit dem Rest.
Welchen Gewinnanteil erhalten die vier Gesellschafter? (Vervollständigen Sie bitte die nachfolgende Tabelle!)

Gesell-schafter	Kapital-anteile	Kapital in Euro	Teile	Gewinn in Euro
A		350 000,00		
B	$1/3$	250 000,00		
C	Rest			
Gesamt				225 000,00

Lösungen siehe Seite 224

Einfache Gleichungen als Textaufgaben

1. Wie viele Kilometer fliegt eine Fliege, die in einem 33,33 m langen Waggon ununterbrochen mit einer Stundengeschwindigkeit von 60 km hin und her fliegt, und zwar in einem Zug, der die Station A um sechs Uhr morgens verlässt und die Station B (150 km entfernt) um neun Uhr erreicht?
2. Wenn ein Tor 15 m südlich von einem Baum steht und der Baum 30 m südlich von einem Haus, wie viele Meter sind es dann von dem Tor bis zu dem Haus?
3. In zwei Kisten sind 43 Gläser verpackt. In einer Kiste sind 9 Gläser mehr als in der anderen. Wie viele Gläser sind in der kleineren Kiste?
4. Bestimme die Zahl, deren Doppeltes zu 15 addiert 63 ergibt.
5. Addiert man zu der Zahl 58 eine Zahl, dann erhält man das Dreifache der gesuchten Zahl.

6 Welche drei aufeinander folgenden Zahlen haben die Summe 96?

7 Bei einem Rechteck mit dem Umfang 24 cm ist die eine Seite doppelt so lang wie die andere. Wie lang sind alle Seiten?

8 Ein Vater ist 50 Jahre alt. Seine beiden Kinder sind 10 und 12 Jahre. Wie viele Jahre dauert es, bis der Vater doppelt so alt ist wie seine Kinder zusammen?

9 Aus einem 15 cm langen Draht soll ein gleichschenkeliges Dreieck entstehen, dessen Basis 6 cm ist. Wie lang sind die gleichschenkeligen Seiten?

10 Von einem 1-kg-Käse werden 20 gleich schwere Scheiben abgeschnitten. 600 g bleiben übrig. Wie schwer ist eine Scheibe?

11 Bei einem Dreieck ist die längste Seite 3 cm länger als die mittlere, und die ist 2 cm länger als die kürzeste. Wie lang sind die Seiten, wenn der Umfang 20,5 cm ist?

12 Wie viel ist eineinhalb Drittel von 100?

13 Eine Pumpe fördert 2,5 m^3 in 30 Sekunden. Wie viel Liter werden in 3,4 Stunden gehoben?

14 Aus einem Fass Öl erhalten Sie 240 Flaschen zu $^2/_3$ l Inhalt. Wie viel Flaschen können zu $^1/_5$ l abgefüllt werden?

Lösungen siehe Seite 225

Gleichungssysteme

1 In einem Stall sind Hühner und Kaninchen. Sie haben 18 Köpfe und 50 Beine. Wie viele Hühner und Kaninchen sind in dem Stall?

2 In einer Kasse sind 78,00 Euro in Fünf-Euro-Scheinen und Zwei-Euro-Stücken, zusammen 21 Münzen und Scheine. Wie viele von jeder Sorte sind in der Kasse?

3 In einer Familie hat jede Tochter dieselbe Anzahl von

Brüdern und Schwestern und jeder Sohn zweimal so viel Schwestern wie Brüder. Wie viele Söhne hat die Familie?

4 Ein Stoffstreifen von 60 cm Länge soll so geschnitten werden, dass das eine Stück $^2/_3$ der Länge des anderen beträgt. Wie lang ist das kürzere Stück?

5 Für eine Legierung werden 2 Teile Silber und 3 Teile Blei benötigt. Wie viel Gramm Silber werden für 15 g dieser Legierung benötigt?

6 Für je 3 Euro, die Hans hat, besitzt Klaus 5 Euro. Zusammen haben sie 120 Euro. Wie viel Euro hat Klaus?

7 Zwei Brüder mit fünf Jahren Altersunterschied sind zusammen 41 Jahre alt. Wie alt ist der jüngere Bruder?

8 80 kg Birnen sind in zwei Kisten verpackt. In der einen Kiste sind 10 kg mehr als in der anderen. Wie viele Kilo Birnen sind in der kleineren Kiste?

9 Ein Kind hat 1,20 Euro in 5-Cent- und 10-Cent-Stücken. Dieser Betrag setzt sich aus insgesamt 17 Geldstücken zusammen. Wie viel 5-Cent-Stücke sind darunter?

10 Es sollen 49 Münzen so aufgeteilt werden, dass der eine Teil um $^1/_3$ größer als der andere ist. Aus wie viel Münzen besteht der kleinere Teil?

Lösungen siehe Seite 225

Kaufmännisches Rechnen

1 **Dreisatz** 500 m eines Spezialverpackungsmaterials, 0,80 m breit, wiegen 86 kg. Wie viel kg wiegen dann 320 m bei einer Breite von 0,75 m?

2 **Verteilungsrechnen** An einer OHG sind beteiligt: Arno Alt mit 150 000,00 Euro, Birgit Bunt mit 120 000,00 Euro und Claudia Chor mit 50 000,00 Euro. Es wurde ein Jahresgewinn von 96 000,00 Euro erzielt. Dieser ist im Verhältnis der Einlagen zu verteilen. Wie viel Euro erhält Arno Alt?

3 **Gewogener Durchschnitt** In eine Mischung gehen ein: 40 kg je 10,50 Euro, 30 kg je 12,00 Euro und 20 kg je 15,00 Euro. Wie viel kostet dann 1/2 kg der Mischung?

4 **Prozente vom Hundert** Wie hoch ist die Umsatzsteuer für eine Warenlieferung von 4680,00 Euro bei einem Steuersatz von 16 % und 6320,00 Euro bei einem Steuersatz von 7 %?

5 **Berechnung des Prozentsatzes** Ein Artikelpreis von bisher 42,40 Euro wurde auf 45,80 Euro heraufgesetzt. Wie viel % beträgt die Preiserhöhung?

6 **Berechnung des Grundwertes** Ein Reisender erzielte einen Monatsumsatz von 52 500,00 Euro. Dafür erhielt er eine Provisionsgutschrift von 1312,50 Euro. Wie hoch ist sein Provisionssatz? Im nächsten Monat wurden ihm 1600,00 Euro vergütet. Welchen Umsatz erzielte er?

7 **Vermehrter Grundwert** Aus einer Rechnung über 13 340,00 Euro sind die 16 %ige Mehrwertsteuer und der Warenwert zu ermitteln.

8 **Verminderter Grundwert** Nach Abzug von 2,5 % Skonto überweist ein Kunde 124,80 Euro. Welcher Betrag ist als Skonto zu verbuchen?

9 **Verzugszinsen** Mit welchen Verzugszinsen (5 %) ist ein säumiger Kunde zu belasten, der seine Rechnung über 2425,00 Euro 32 Tage nach Zielüberschreitung beglich?

10 **Berechnung des Kapitals** Ein langfristig angelegtes Kapital, das mit 7,5 % verzinst wird, bringt vierteljährlich 600,00 Euro Zinsen. Wie groß ist das Kapital?

11 **Berechnung des Zinsfußes** Eine Bank berechnet für einen Dispositionskredit (Girokonto) von 1500,00 Euro 17,50 Euro Zinsen. Der Kredit lief 30 Tage. Wie viel % berechnete die Bank?

12 **Wechseldiskontierung** Eine Lieferantenrechnung über 6520,00 Euro, fällig am 15. März, wird vom Kunden mit

einem Dreimonatsakzept beglichen. Der Lieferer gibt den Wechsel seiner Bank zum Diskont. Die Bank berechnet 9 % Diskont für die 90-tägige Laufzeit. Mit welchem Betrag schreibt die Bank den Wechsel gut?

13 **Kalkulationsfaktor** In einem Handelsbetrieb ist die Spanne zwischen Bezugs- und Verkaufspreis 5,81 Euro. Wie groß ist der Kalkulationsfaktor (Bezugspreis = 12,90 Euro)?

14 **Skontoverzinsung** Die Zahlungsbedingungen lauten: 30 Tage netto Kasse oder innerhalb 10 Tagen mit 2 % Skonto. Wie groß ist der Skontierungsvorteil in %?

Lösungen siehe Seite 226

Umwandeln, Berechnen und Schätzen

1 Wandeln Sie die folgenden Einheiten in Meter um:
a) 25 mm, b) 12 cm und c) 11 dm

2 Wie viel Kilometer entsprechen die folgenden Werte?
a) 25 cm, b) 18 dm und c) 1,35 m

3 Berechnen Sie die Fläche eines Würfels mit 6 cm Kantenlänge!

4 Welche Fläche hat ein Dreieck mit den folgenden Maßen: Länge 24 cm und Höhe 10 cm

5 Errechnen Sie a) die Fläche und b) den Umfang eines Kreises mit dem Durchmesser von 2,40 m!

6 Ermitteln Sie das Volumen eines Würfels mit der Seitenlänge von 8 cm!

7 Berechnen Sie die Fläche eines Rechtecks mit den folgenden Seiten: Höhe 1,20 m, Breite 0,80 m

8 Lösen Sie die folgenden Aufgaben zum Bruchrechnen:
a) $^2/_5 * {}^3/_6$
b) $^1/_5 : {}^3/_7$
c) $2\,^5/_6 - 1\,^2/_7$
d) $3\,^2/_7 + 2\,^1/_8$

9 Verwandeln Sie die folgenden Angaben in Prozentsätze:

a) $^2/_5$
b) $^1/_8$
c) $1\ ^2/_9$

10 Schätzen Sie die folgenden Aufgaben (nicht ausrechnen!). Einfache rechnerische Überlegungen sind sehr hilfreich!

- 6312 + 7486 + 333 =
  a) 14 131 b) 14 186 c) 13 187 d) 16 112
- 9505 + 16 111 + 793 + 984 =
  a) 16 343 b) 32 322 c) 27 393 d) 27 111
- 78 125 + 6422 – 17 123 =
  a) 66 135 b) 64 127 c) 67 424 d) 66 239
- 69 x 69 =
  a) 5325 b) 4761 c) 4971 d) 5151
- (24 + 11) x 54 =
  a) 1865 b) 2496 c) 2620 d) 1890
- (15 + 11) x (17 – 3) =
  a) 364 b) 366 c) 724 d) 425

Lösungen siehe Seite 227

Zahlenreihen

Wie müssen die Reihen fortgesetzt werden?

1	3	4	6	9	13	18	24	?		
2	4	5	6	8	10	13	16	20	24	?
3	6	7	5	8	4	9	3	10	2	?
4	27	9	6	18	21	7	4	?		
5	17	14	7	21	18	9	?			
6	12	19	17	17	23	20	20	25	?	
7	8	8	15	13	13	19	16	16	21	?

8	114	57	60	30	34	17	22	11	?	
9	24	26	11	15	3	9	0	8	?	
10	9	12	16	20	25	30	36	42	?	
11	2	3	6	11	18	27	?			
12	8	15	24	35	48	63	?			
13	34	33	66	22	18	90	15	8	?	
14	15	19	22	11	15	18	9	?		
15	75	80	40	45	15	20	5	10	?	
16	3	9	10	5	15	16	8	24	25	?
17	2	7	24	77	?					
18	8	10	14	18	?	34	50	66		
19	6	9	18	21	42	45	?	?		
20	7	10	9	12	11	?	?			
21	3	7	15	31	?					
22	6	9	14	23	40	?				
23	3	7	16	35	?					
24	4	9	17	35	?	139				
25	7	15	32	?	138	281				
26	7	22	65	196	?					
27	15	16	18	19	21	22	24	?		
28	19	18	22	21	25	24	28	?		
29	16	12	17	13	18	14	19	?		
30	2	4	8	10	20	22	44	?		
31	15	13	16	12	17	11	18	?		
32	25	22	11	33	30	15	45	?		
33	49	51	54	27	9	11	14	?		
34	19	17	20	16	21	15	22	?		
35	94	92	46	44	22	20	10	?		
36	5	8	9	8	11	12	11	?		
37	12	15	19	23	28	33	39	?		
38	7	5	10	7	21	17	68	?		

39	40	36	30	20	20	12	15	8	?	?			
40	6	7	5	8	4	9	3	10	2	?			
41	8	7	7	5	10	7	21	17	?				
42	4	5	7	4	8	13	?						
43	39	13	6	30	10	3	?						
44	84	21	63	65	64	16	48	50	?				
45	75	80	40	45	15	20	5	10	?				
46	199	150	108	73	45	24	?						
47	200	100	105	35	40	10	?						
48	5	16	12	12	20	7	29	1	?	?			
49	2	6	4	12	10	30	28	?	?				
50	1	1	3	4	13	13	63	40	?	?			
51	64	256	36	16	24	4	?	?					
52	8	6	9	11	11	17	14	24	18	32	?	?	
53	45	9	38	15	30	22	21	30	11	39	?	?	
54	12	14	6	6	8	0	0	2	−6	−18	?	?	?
55	3	3	9	8	25	23	61	68	137	203	?	?	
56	9	16	7	12	3	4	4	6	6	10	1	?	?
57	14	2	11	4	8	8	5	14	?	?	?		
58	12	5	18	8	36	17	90	44	?	?			
59	1	3	1	10	2	20	6	63	24	193	?	?	
60	13	9	34	28	77	85	164	256	339	769	?	?	
61	4	6	19	31	93	157	?	?					
62	2	3	7	10	23	32	72	99	?	?			
63	4	48	8	24	16	12	32	6	64	?	?		
64	2	3	5	8	11	18	23	38	47	78	?	?	
65	2	3	5	8	13	21	34	55	?				
66	2	3	6	5	15	9	34	17	73	33	?	?	
67	2	12	6	3	18	9	6	36	18	15	?	?	?
68	3	9	4	12	7	21	?	?					
69	5	8	11	14	23	26	47	50	95	98	?	?	

70	3	5	10	14	38	41	150	122	?	?
71	2	6	11	12	20	24	29	48	?	?

Lösungen siehe Seite 228

Zahlen erkennen bzw. einfügen

1 Wie viele der nachfolgenden Zahlen sind durch 3 oder 5 teilbar? Anzahl:

1	2	3	4	5	6	7	8	9	10
11	12	13	14	15	16	17	18	19	20
21	22	23	24	25	26	27	28	29	30
31	32	33	34	35	36	37	38	39	40
41	42	43	44	45	46	47	48	49	50
51	52	53	54	55	56	57	58	59	60
61	62	63	64	65	66	67	68	69	70

2 Wie viele der folgenden Zahlen sind durch 4 oder durch 6 teilbar? Anzahl:

71	72	73	74	75	76	77	78	79	80
81	82	83	84	85	86	87	88	89	90
91	92	93	04	95	96	97	98	99	100
101	102	103	104	105	106	107	108	109	110
111	112	113	114	115	116	117	118	119	120
121	122	123	124	125	126	127	128	129	130
131	132	133	134	135	136	137	138	139	140

(3) Streichen Sie die 3 und die 9 durch! Wie oft kommen die Zahlen vor? Anzahl:

5 4 3 5 4 6 8 9 9 8 8 6 5 4 4 3 3 5 1 2 2 2 2 8 9 7 6 5 4 4 3 2 1 6 5 4
3 2 3 5 4 6 7 8 9 0 0 6 4 3 3 6 7 8 9 8 5 4 3 2 1 1 2 3 4 3 4 5 6 7 8 9
7 6 5 4 3 3 2 1 5 6 7 8 9 0 8 6 5 4 2 3 4 5 3 2 1 2 3 4 5 6 7 8 9 0 0 0
9 8 7 6 5 4 3 2 1 4 3 4 5 6 7 6 5 4 3 2 1 7 3 9 7 8 6 7 6 5 4 3 2 1 3 3
2 3 4 5 4 3 4 3 4 6 7 8 9 9 0 9 8 7 6 5 4 3 3 4 5 6 6 6 5 9 0 8 7 6 5 4

(4) Füllen Sie die Lücken aus (??).

(1)	126	+	??	–	98	=	70
(2)	187	–	78	+	??	=	142
(3)	11	*	12	–	??	=	110
(4)	???	–	124	+	72	=	624
(5)	25	+	24	*	??	=	85
(6)	15	+	??	*	16	=	207
(7)	???	*	2	–	62	=	604
(8)	640	:	??	–	36	=	4

Lösung siehe Seite 229

Allgemeinbildung

Der Begriff Allgemeinwissen kann letztendlich nicht exakt definiert werden. Fest steht jedoch, dass Allgemeinwissen abhängig ist vom jeweiligen Kulturkreis, dem Alter, der Stellung in der Gesellschaft und natürlich auch vom Bildungsgrad.

Die weit verbreitete Meinung, dass Allgemeinwissen mit Intelligenz gleichzusetzen ist, ist definitiv falsch. Intelligenz ist jedoch erforderlich, um die vorhandenen Komponenten des Wissens sinnvoll zu vernetzen. Somit kann also ein Test zum Allgemeinwissen nur sehr bedingt der Kategorie der Intelligenztests zugeordnet werden. Sie müssen allerdings in einem Testverfahren jederzeit damit rechnen, eine derartige Wissensprüfung bestehen zu müssen.

Für die Beantwortung der folgenden Fragen haben Sie 70 Minuten Zeit.

Politik und Staatsbildung

1 *Nennen Sie die Anzahl der Bundesländer!*
a) 16 b) 14 c) 17 d) 18

2 *Wie heißt die Hauptstadt von Nordrhein-Westfalen?*
a) Dortmund b) Köln c) Düsseldorf d) Essen

3 *Wie heißt die Hauptstadt von Sachsen?*
a) Leipzig b) Dresden c) Ludwigslust d) Rostock

4 *Von wem wird der Bundeskanzler gewählt?*
a) vom Volk
b) vom Bundestag
c) vom Bundesrat
d) von der Bundesversammlung

5 *Ordnen Sie die bisherigen Bundeskanzler ihrer Reihenfolge nach:*
a) Helmut Schmidt
b) Gerhard Schröder
c) Ludwig Erhard
d) Willy Brandt
e) Kurt Georg Kiesinger

→

f) Helmut Kohl
g) Konrad Adenauer

6 *Für welche Zeitspanne wird der Bundespräsident gewählt?*
a) 4 Jahre
b) 6 Jahre
c) 5 Jahre
d) 3 Jahre

7 *Ordnen Sie die bisherigen Bundespräsidenten ihrer Reihenfolge nach:*
a) Karl Carstens
b) Walter Scheel
c) Theodor Heuss
d) Richard von Weizsäcker
e) Gustav Heinemann
f) Johannes Rau
g) Heinrich Lübke
h) Roman Herzog

8 *Wie heißt der gegenwärtige Ministerpräsident/die Ministerpräsidentin Ihres Bundeslandes und wie heißt die Landeshauptstadt?*

9 *Was ist der Bundesrat?*
a) Zusammenschluss der Ministerpräsidenten der Bundesländer
b) Gremium aus 12 Wirtschaftsweisen
c) Vertretung der Bundesländer
d) das deutsche Parlament

10 *Was bedeuten die Abkürzungen der folgenden Parteien?*
a) CDU b) FDP c) SPD

11 *Wie viel Prozent der Wählerstimmen muss eine Partei erzielen, um in den Deutschen Bundestag einzuziehen?*
a) 2% b) 5% c) 10% d) 1%

12 *Was bezeichnet man in der Politik mit dem Begriff »Immunität«?*
a) Befreiung von Strafe und sonstigen staatlichen Sanktionen, z. B. für Mitglieder des Bundestages
b) kostenlose Impfungen für Bundestagsmitglieder bei Auslandsreisen
c) der Anspruch auf einen Sitz im Bundestag selbst bei Ausschluss aus der Partei

13 *Was heißt Exekutive?*
a) gesetzgebende Gewalt
b) ausführende Gewalt
c) überwachende Gewalt

14 *Nennen Sie mindestens zwölf Länder, die zur EU gehören!*

15 *Welche der folgenden Länder gehören nicht zur EU?*
a) Frankreich b) Norwegen c) Schweden d) Schweiz
Lösungen siehe Seite 229

Politik und Geschichte

1 *Wer wurde im Jahre 800 in Aachen zum Kaiser gekrönt?*
a) Karl der Kahle
b) Karl der Große

➜

c) Barbarossa
d) Heinrich VIII.

2 *Welcher Friedensvertrag wurde 1648 in Münster und Osnabrück unterzeichnet?*
a) der Friedensvertrag zum 30-jährigen Krieg
b) der 100-jährige Friede
c) Friedensschluss zwischen Spanien und Frankreich
d) Beendigung des Ersten Weltkriegs

3 *Nennen Sie die beiden Reichspräsidenten der Weimarer Republik!*

4 *In welchem Jahr wurde Adolf Hitler Reichskanzler?*
a) 1933 b) 1936 c) 1939 d) 1945

5 *Wo ist Hitlers »Mein Kampf« entstanden?*
a) in Braunau
b) in der Wolfsschanze
c) in der Festung Landsberg
d) in Berchtesgaden

6 *Was wird mit dem Begriff der »Reichskristallnacht« verbunden?*
a) Zerstörung von Synagogen 1939
b) Verfolgung von Juden während der Zeit des Nationalsozialismus
c) die Nacht des Reichstagsbrands unter Hitlers Herrschaft
d) Verfolgung von politisch anders Gesinnten durch die SS

7 *Was war die »Weiße Rose«?*
a) Bild des Malers Leonardo da Vinci
b) studentische Widerstandsorganisation im 3. Reich
c) Symbol der freien Gewerkschaften
d) Symbol der SPD

8 *Was geschah am 20. Juli 1944?*
a) Ende des Zweiten Weltkriegs
b) Großadmiral Dönitz übernimmt das Oberkommando der Marine
c) Attentat auf Hitler von Stauffenberg
d) Rheinübergang der US-Panzer bei Remagen

9 *Wann wurde die BRD gegründet?*
a) 1945 b) 1947 c) 1949 d) 1950

10 *Wie hieß der erste Staatspräsident der DDR?*
a) Wilhelm Pieck
b) Erich Honecker
c) Walter Ulbricht
d) Erich Mielke

11 *Von wann bis wann gab es in der Bundesrepublik Deutschland eine Große Koalition?*
a) 1951–1957
b) 1966–1969
c) 1967–1970
d) 1972–1975

12 *Wann fand die deutsche Wiedervereinigung statt?*
a) 09.11.1989 b) 03.10.1989
c) 01.10.1990 d) 03.10.1990

13 *Welche Partei verabschiedete das Ahlener Programm?*
a) CDU b) SPD c) FDP d) PDS

14 *Wer regierte das römische Weltreich um Christi Geburt?*
a) Julius Cäsar
b) Caligula
c) Augustus
d) Nero

15 *Wo entstand die erste bekannte Demokratie der Welt?*
a) Rom
b) Athen oder Griechenland
c) Ägypten
d) Persien

16 *Welcher karthagische Feldherr überquerte die Alpen mit Elefanten?*
a) Hannibal
b) Konstantin
c) Sulla
d) Pompeius

17 *Welches Adelsgeschlecht regierte Österreich von 1282 bis 1918?*
a) die Staufer
b) die Habsburger
c) die Fugger
d) die Oranier

18 *Wie lautet der japanische Kaisertitel?*
a) Obi b) Tenno c) Gi d) Osake

19 *Wo fand 1900 der Boxer-Aufstand statt?*
a) China b) Japan c) Indien d) Russland

20 *In welchem Land fand die Industrielle Revolution statt?*
a) Deutschland b) England c) Russland d) USA

21 *Wer war der Gründer der faschistischen Partei in Italien?*
a) Silvio Berlusconi
b) Franco
c) Benito Mussolini
d) Adolf Hitler

22 *Auf welche japanischen Städte wurden 1945 Atombomben abgeworfen?*
a) Hiroshima, Nagasaki
b) Tokio, Osaka
c) Fukoshima, Sapporo
d) Kioto, Otaru

23 *Welcher Diktator regierte Chile von 1973 bis 1990?*
a) Allende
b) Fujimori
c) Che Guevara
d) Pinochet

24 *Wann betrat der erste Mensch den Mond und wie hieß er?*
a) 20.07.1969, Neil Armstrong
b) 01.11.1968, Juri Gagarin
c) 12.12.1971, Colin Powell
d) 20.10.1986, Ulf Merbold

25 *Was war der Anlass für den Ausbruch des Ersten Weltkriegs?*
a) Prager Fenstersturz
b) Ermordung des österreichischen Thronfolgers in Sarajewo
c) Einmarsch der Deutschen in Polen
d) Menschenrechtsverletzungen im Kosovo
Lösungen siehe Seite 230

Wirtschaft

1 *Was versteht man unter Inventur?*
a) Feststellung des Lagerbestands
b) Feststellung des aktuellen Bestands an Gütern
c) Ermittlung des Einkommens
d) Ermittlung der Vermögensposten und der Schulden

2 *Was bezeichnet der Begriff Inventar?*
a) Verzeichnis von Vermögen und Schulden (Ermittlung des Eigenkapitals)
b) Verzeichnis der Mitarbeiter
c) Verzeichnis des Einkommens
d) Ermittlung des Lagerbestands

3 *Was versteht man unter Debitoren?*
a) Abrechnung der Telefonkosten der Mitarbeiter
b) Ausgaben des Unternehmens
c) Anteilseigner des Unternehmens
d) Schuldner (Forderungen des Unternehmens)

4 *Was sind Kreditoren?*

a) Gläubiger (Verbindlichkeiten des Unternehmens)
b) Einnahmen des Unternehmens
c) Jahresgewinne des Unternehmens
d) Pläne zum Umbau eines Unternehmens

5 *Was versteht man unter einer Emission?*

a) Schadstoffausstoß eines Unternehmens
b) Ausgabe von Wertpapieren, ihre Unterbringung bei den Kapitalgebern und die Einführung an die Börse
c) alle Ausgaben eines Unternehmens
d) Umwandlung eines Unternehmens in eine Aktiengesellschaft

6 *Was beinhaltet der Etatentwurf des Bundesfinanzministers?*

a) die Einnahmen und Ausgaben der Bundesländer für die nächsten zwölf Monate
b) die Erhöhung der Abgeordnetendiäten
c) Auflistung der erwarteten Einnahmen und der geplanten Ausgaben des Bundes für die nächsten zwölf Monate
d) die zu erwartenden Kabinettsumbildungen

7 *Worum handelt es sich bei dem Begriff Ertrag?*

a) Wertzuwachs, der das Eigenkapital erhöht (Habenseite GuV-Konto)
b) Verluste eines Unternehmens
c) geplante Erweiterung eines Unternehmens
d) unerwartete Einnahmen

8 *Was versteht man unter dem Begriff Aufwand?*
a) Kosten für eine geplante Erweiterung eines Unternehmens
b) Güter und Dienstleistungen, die das Eigenkapital verringern (Sollseite)
c) Kosten für Mitarbeiter
d) unerwartete Ausgaben

9 *Was sind Fixkosten?*
a) Ausgaben, die den geplanten Ausgabenrahmen überschreiten
b) schnell steigende Kosten
c) gleichbleibende Kosten, unabhängig von sonstigen Einflussgrößen
d) Ausgaben, die vom Unternehmen rasch wieder eingefahren werden können

10 *Was sind variable Kosten?*
a) Ausgaben verschiedenster Art
b) langsam steigende Kosten
c) Ausgaben, die das Unternehmen steuerlich abschreiben kann
d) Kosten, die sich durch unterschiedliche Einflussgrößen verändern

11 *Was versteht man unter Gehalt?*
a) Leistungsvergütung für Angestellte (meist monatlich)
b) Bezahlung für gehaltvolle Arbeit
c) Leistungsvergütung für Aushilfskräfte
d) Leistungsvergütung, die vom Finanzamt mit einem hohen Steuersatz belegt wird

12 *Was versteht man unter Lohn?*
a) Bezahlung für Arbeit, die sich für den Arbeitgeber gelohnt hat
b) jede Form von Entgelt, im engeren Sinne Leistungsvergütung für Arbeiter
c) Leistungsvergütung für Akademiker
d) Leistungsvergütung, die vom Finanzamt mit einem niedrigen Steuersatz belegt wird

13 *Wann beginnt und endet die Rechtsfähigkeit bei natürlichen Personen?*
a) mit 18 Jahren bzw. mit Austritt aus dem Berufsleben
b) mit 16 Jahren bzw. mit dem Tod
c) mit dem Tag der Geburt bzw. mit dem Tod
d) mit 21 Jahren bzw. mit 65 Jahren

14 *Wann beginnt und endet die Rechtsfähigkeit bei juristischen Personen?*
a) mit der Eröffnung bzw. dem Tod der Anteilseigner
b) mit der Gründung bzw. der Auflösung oder Konkurs
c) mit dem Anfang bzw. mit dem Ende des Geschäftsjahrs
d) mit den ersten Einnahmen bzw. den letzten Einnahmen

15 *Welche Möglichkeiten, jemandem Geld zukommen zu lassen, kennen Sie bei den folgenden Zahlungsarten?*
a) Barzahlung
b) halbbare Zahlung
c) bargeldlose Zahlung

16 *Was bewirkt die planmäßige Abschreibung von Anlagegütern in Betrieben?*
a) Verluste des Unternehmens werden durch die Abschreibung verringert
b) der Wertverlust wird als Aufwand in die Gewinn- und Verlustrechnung übernommen und mindert den möglicherweise zu versteuernden Gewinn. Abschreibungen dienen auch zur Neuanschaffung
c) Gewinne werden durch die Abschreibung erhöht
d) die abzuschreibenden Anlagegüter können langfristig nicht mehr genutzt werden

17 *Was versteht man unter einer linearen Abschreibung?*
a) gleichmäßige Abschreibung vom Anschaffungswert
b) langsame Abschreibung vom Anschaffungswert
c) rasche Abschreibung vom Anschaffungswert
d) einfach zu rechnende Abschreibung vom Anschaffungswert

18 *Was versteht man unter einer degressiven Abschreibung?*
a) gleichmäßige Abschreibung vom Anschaffungswert
b) langsame Abschreibung vom Anschaffungswert
c) Abschreibung vom jeweiligen (Jahres-)Restbuchwert
d) rasche Abschreibung vom Anschaffungswert

19 *Was ist eine Aktiengesellschaft?*
a) Gesellschaft, die zu dem Zweck gegründet wird, Wertpapiere zu kaufen und an ihre Mitglieder zu verteilen
b) Kapitalgesellschaft; Handel der Aktien an der Börse; Beschaffung von Zusatzkapital; sehr häufige Gesellschaftsform
c) Unternehmen, das mindestens 1 Million Euro im Jahr erwirtschaftet
d) Unternehmen, das als Sicherheit 1 Million Euro hinterlegen muss

20 *Worum handelt es sich bei Aktiva?*
a) bewegliche Güter eines Unternehmens
b) linke Seite der Bilanz, Vermögenswerte eines Unternehmens
c) Wert eines Unternehmens, der sich auf der Basis der Aktivität seiner Mitarbeiter errechnet
d) Einnahmen eines Unternehmens

21 Was versteht man unter Passiva?
a) unbewegliche Güter eines Unternehmens
b) Gewinne eines Unternehmens
c) rechte Seite der Bilanz, Eigen- und Fremdkapital eines Unternehmens
d) Ausgaben eines Unternehmens

22 *Welche Zweige gehören nicht zur Sozialversicherung?*
a) Rentenversicherung
b) Krankenversicherung
c) Kfz-Versicherung
d) Unfallversicherung
e) Pflegeversicherung
f) Hausratversicherung

23 *Was versteht man unter Streik?*
a) die Weigerung eines Mitarbeiters weiterzuarbeiten
b) Protest der Arbeitnehmer gegen die Geschäftspolitik eines Unternehmens
c) Weigerung der Kunden, die Produkte eines Unternehmens zu kaufen
d) Kampfmittel der Arbeitnehmer bei Tarifauseinandersetzungen

24 *Was bedeutet Aussperrung?*
a) Schließung eines Betriebs, ohne die Mitarbeiter vorher davon zu informieren
b) Kampfmittel der Arbeitgeber bei Tarifauseinandersetzungen
c) vom Betriebsrat genehmigte Stilllegung eines Betriebsteils
d) Absperren eines Betriebsteils

25 *Was versteht man unter dem Begriff Baisse?*
a) lustloser Aktienhandel
b) französisches Wort für Unternehmenszusammenschluss
c) Kurse an der Börse fallen auf breiter Front
d) französische Fischsuppe

26 *Was versteht man unter dem Begriff Hausse?*
a) Gang eines Unternehmens an die Börse
b) Kurse an der Börse steigen auf breiter Front
c) französisches Wort für Unternehmenspleite
d) Verkauf von Aktien

27 *Was bedeutet der Begriff Rabatt?*
a) Wertmarken, die von einem Unternehmen bei einem Einkauf verteilt werden und beim nächsten Einkauf den Preis der Waren mindern
b) Blumenbeet
c) Preissteigerung
d) Preisnachlass, in der Regel auf die Menge bezogen

28 *Was versteht man unter Skonto?*
a) Preisnachlass, der guten Kunden gewährt wird
b) Preisnachlass bei vorzeitiger Zahlung
c) Gebühren für das Girokonto
d) Ermäßigung des Preises, der durch Handeln erzielt wird
Lösungen siehe Seite 230

Geografie – allgemein

1 *Wie heißt der größte Binnenhafen Europas?*
a) Dortmund
b) Duisburg
c) Hamburg
d) Bremen

2 *Wo befindet sich das Deutsche Eck?*
a) Mainz b) Koblenz c) Trier d) Saarbrücken

3 *Wie heißt der bekannteste Berg Griechenlands?*
a) Olymp b) Peloponnes c) Paros d) Epirus

4 *Zu welchem Land gehört Südtirol?*
a) Österreich
b) Deutschland

→

c) Luxemburg
d) Italien

5 *Nach welchem Londoner Stadtteil ist der Nullmeridian benannt?*
a) Whitehall b) Notting Hill c) Greenwich d) Soho

6 *In welcher italienischen Region liegt Florenz?*
a) Toskana b) Apulien c) Sizilien d) Kalabrien

7 *Wo befindet sich die Blaue Grotte?*
a) Saarland
b) Venedig
c) Golf von Tarent
d) Insel Capri

8 *Wie heißt der höchste Berg Europas?*
a) Zugspitze
b) Matterhorn
c) Großglockner
d) Montblanc

9 *Welche Insel ist in einen türkischen und einen griechischen Teil gespalten?*
a) Zypern b) Rhodos c) Kreta d) Lesbos

10 *Nennen Sie die nördlichste Stadt Europas!*
a) Kiruna in Schweden
b) Hammerfest in Norwegen
c) Utsjoki in Finnland
d) Skagen in Dänemark

11 *Wie werden die lang gestreckten Meeresbuchten an der skandinavischen Küste genannt?*
a) Sund b) Meerbusen c) Belt d) Fjord

12 *Zu welchem Land gehört Spitzbergen?*
a) Norwegen b) Finnland c) Schweden d) Dänemark

13 *Welche Wasserstraße trennt Afrika und Asien?*
a) Suezkanal
b) Panamakanal
c) Ärmelkanal
d) Mittellandkanal

14 *Wie heißt der heilige Fluss Indiens?*
a) Brahmaputra b) Krishna c) Ganges d) Godavari

15 *Welche Meeresstraße liegt zwischen Irland und Großbritannien?*
a) Ärmelkanal
b) Sankt-Georgs-Kanal
c) Irische See
d) Suezkanal

16 *Zu welchem Land gehören die Galapagosinseln?*
a) Chile b) Mexiko c) Panama d) Ecuador

17 *Auf welchem Kontinent befindet sich der Viktoriasee?*
a) Afrika b) Asien c) Australien d) Amerika

18 *Wo entsteht der Golfstrom?*
a) Golf von Kalifornien
b) Golf von Mexiko

→

c) Andamanensee
d) Golf von Thailand

19 *Welche Sprache wird auf der Welt am häufigsten gesprochen?*
a) Englisch b) Chinesisch c) Spanisch d) Deutsch

20 *Welche Stadt überblickt man vom Tafelberg?*
a) Caracas in Venezuela
b) Acapulco in Mexiko
c) Kapstadt in Südafrika
d) Port-au-Prince auf Haiti
Lösungen siehe Seite 230

Geografie – Berühmte Straßen, Plätze und Bauwerke
In welcher Stadt befinden sich die folgenden Straßen, Plätze bzw. Bauwerke?

1 *Admiralität*
a) St. Petersburg b) Paris c) London d) Hannover

2 *Alcazar*
a) Mailand b) Lourdes c) Barcelona d) Sevilla

3 *Alhambra*
a) Madrid b) Granada c) Marseille d) Reykjavik

4 *Arc de Triomphe*
a) San Francisco b) Bordeaux c) Paris d) Berlin

5 *Belvedere*
a) Wien b) Chemnitz c) Basel d) Hannover

6 *Bolschoi-Theater*
a) Murmansk b) Prag c) Sevilla d) Moskau

7 *Der Dam*
a) Lugano b) Amsterdam c) Brüssel d) Rotterdam

8 *Engelsburg*
a) Wien b) Rom c) Graz d) Florenz

9 *Forum Romanum*
a) Padua b) Paris c) altes Rom d) Neapel

10 *Hagia Sofia*
a) Antalya b) Neu-Delhi c) Istanbul d) Lissabon

11 *Hofburg*
a) Wien b) Graz c) Starnberg d) Zürich

12 *Hradschin*
a) Budapest b) Prag c) Hannover d) Warschau

13 *Invalidendom*
a) Paris b) Danzig c) Stockholm d) Dortmund

14 *Kapitol*
a) Livorno b) Coimbra c) Rom d) Bratislava

15 *Kö*
a) Düsseldorf b) Köln c) London d) Tokio

16 *Kreml*
a) St. Petersburg b) Moskau c) Peking d) Leipzig

17 *Markusplatz*
a) Venedig b) Pisa c) Siena d) München

18 *Newski-Prospekt*
a) St. Petersburg b) Kiew c) Riga d) Wolgograd

19 *Notre-Dame*
a) London b) Paris c) Orléans d) Vichy

20 *Peterskirche*
a) Rom b) Wien c) Genf d) München

21 *Piccadilly Circus*
a) London
b) Oxford
c) Stratford-on-Avon
d) Göttingen

22 *Place de la Concorde*
a) Nantes b) Paris c) Metz d) Straßburg

23 *Prado*
a) Madrid b) Valencia c) Oslo d) Stockholm

24 *Reeperbahn*
a) Wien b) Hamburg c) Berlin d) Zürich

25 *Roter Platz*
a) St. Petersburg b) Warschau c) Moskau d) Stuttgart

26 *Stachus*
a) München b) Köln c) Berlin d) Madrid

27 *The Mall*
a) Belfast b) Galway c) Paris d) London

28 *Unter den Linden*
a) Rostock b) Berlin c) Stralsund d) Basel

29 *Wenzelsplatz*
a) Warschau b) Budapest c) Prag d) Berlin

30 *Zwinger*
a) Frankfurt am Main
b) Dresden
c) Berlin
d) Pisa
Lösungen siehe Seite 230

Naturwissenschaften

1 *Wofür wird Plutonium verwendet?*
a) Raketenantrieb
b) Brennstoff für Atomkraftwerke
c) Dampferzeugung in Turbinen
d) Bau von Großteleskopen

2 *Warum können Funken sprühen, wenn man einen Kunstfaserpullover auszieht?*
a) unzureichende Erdung
b) Reibungshitze
c) elektrostatische Aufladung
d) Wärmeabstrahlung

3 *Wie funktioniert ein Radar zur Überwachung des Luftraumes?*
a) Röntgendetektoren orten Flugzeuge, da diese in großen Höhen Röntgenstrahlen aussenden
b) in den Luftraum ausgesandte Schallwellen werden von Flugzeugen reflektiert
c) Lichtreflexionen der Flugobjekte werden durch spezielle Kameras sichtbar gemacht
d) gebündelte elektromagnetische Wellen in den Luftraum werden beim Auftreffen auf ein Flugzeug zurückgestrahlt

4 *Was bewirkt die Schwerkraft?*
a) das In-sich-Zusammenfallen von Molekülen
b) den Aufbau der Erdatmosphäre
c) Gegenstände haben ein Gewicht und fallen auf den Boden, wenn sie losgelassen werden
d) das Zusammenhalten der Erdkugel

5 *Auf welchem Prinzip basiert ein Kühlschrank?*
a) ein Stoff, der vom flüssigen in den gasförmigen Zustand wechselt, kühlt ab
b) Gase, die sich ausdehnen, erzeugen Kälte
c) zwei Gase, die aufeinander prallen, rufen Kälte hervor
d) ein Stoff, der in Schwingung versetzt wird, ruft Kälte hervor

6 *Wie heißt die radioaktive Strahlung, die am schwersten abgeschirmt werden kann?*
a) Gammastrahlen
b) Röntgenstrahlen

→

c) Alphawellen
d) Sonnenstrahlen

7 *Wer hat beruflich mit der Herstellung von Giften zu tun?*
a) Arachnologe
b) Toxikologe
c) Neonatologe
d) Parfümeur

8 *Was geschieht chemisch betrachtet, wenn Zucker im Kaffee aufgelöst wird?*
a) die chemischen Eigenschaften des Kaffees werden verändert
b) der Kaffee wird mit Kohlenhydraten angereichert
c) eine homogene Mischung aus verschiedenen Stoffen entsteht
d) der Zucker setzt sich aufgrund seines höheren Molekulargewichts auf dem Grund der Tasse ab

9 *Wo begegnet uns Kohlensäure im Alltag?*
a) Holzkohle b) Weißkohlsuppe
c) Mineralwasser d) Eiswein

10 *Wie heißt das einzige Metall, das bei Zimmertemperatur flüssig wird?*
a) Gold b) Nickel c) Kupfer d) Quecksilber

11 *Was macht Wasser weich oder hart?*
a) der Gehalt an im Wasser enthaltenem Blei
b) der Gehalt an gelöstem Kalzium oder Magnesium
c) die Rohre, durch die das Wasser geleitet wird
d) der Gehalt von Bakterien und Viren im Wasser

12 *Wer erfand 1867 das Dynamit?*

a) Marie Curie
b) Albert Einstein
c) Alfred Nobel
d) Johann Philipp Reis

13 *Woher stammt der Sauerstoff in der Atmosphäre?*

a) aus den Auto- und Industrieabgasen
b) aus dem Weltraum
c) aus den Ozeanen
d) durch Fotosynthese von Pflanzen freigesetzt

14 *Was ist eine chemische Reaktion?*

a) Atome und Moleküle stoßen einander ab
b) Wechselwirkung zwischen Atomen und Molekülen erzeugen neue Verbindungen; chemische Elemente bleiben erhalten; Atome und Moleküle werden neu angeordnet
c) das Zusammentreffen chemischer Elemente
d) die Anziehungskraft zwischen zwei Personen

15 *Was ist chemisch betrachtet das Gegenteil einer Reduktion?*

a) Oxidation b) Reflektion c) Pokémon d) Korrosion

16 *An welchem Symptom erkennen Sie zuerst die Alzheimerkrankheit?*

a) wachsende Vergesslichkeit, besonders betroffen ist das Kurzzeitgedächtnis
b) Schwindelgefühle und Bewegungsstörungen
c) Durchfall und Erbrechen
d) gesteigerte Aggressivität

17 *Wodurch wird das Geschlecht eines Menschen bestimmt?*
a) Zufall
b) Essverhalten der Mutter während der Schwangerschaft
c) Chromosomen
d) Mitochondrien

18 *Worin unterscheiden sich Viren von Bakterien?*
a) Viren können Sporen bilden, Bakterien nicht
b) Viren stammen aus dem Weltall, Bakterien aus dem Boden
c) Viren sind in der Regel größer als Bakterien
d) Viren haben keinen eigenen Stoffwechsel (Vermehrung nur in anderen Organismen); Bakterien sind Lebewesen, die sich durch Zellteilung vermehren

Lösungen siehe Seite 231

Literatur

1 *Welche deutsche Sagengestalt ist ein Waldbewohner des Riesengebirges?*
a) Rübezahl
b) Rumpelstilzchen
c) Captain Kirk
d) Erdmännchen

2 *In welchem Märchen spricht der Held die Zauberworte »Sesam öffne dich«?*
a) »Der gestiefelte Kater«
b) »Das steinerne Herz«
c) »Ali Baba und die 40 Räuber« aus Tausendundeiner Nacht«
d) »Benjamin Blümchen«

3 *Wer schrieb den Roman »Die Leiden des jungen Werther« (1774)?*
a) Friedrich Schiller
b) Johann Wolfgang von Goethe
c) Hannelies Taschau
d) Stephen King

4 *Aus welchem Drama der Weltliteratur stammt der Ausdruck »Sein oder Nichtsein«?*
a) Dante Alighieri, »Die göttliche Komödie«
b) Jostein Gaarder, »Sofies Welt«
c) Johann Wolfgang von Goethe, »Faust«
d) William Shakespeare, »Die tragische Geschichte Hamlets, des Prinzen von Dänemark«

5 *Wer schrieb die Romane »Das Glasperlenspiel« und »Der Steppenwolf«?*
a) Arthur Schnitzler
b) Hermann Hesse
c) Wolfdietrich Schnurre
d) Joachim Ringelnatz

6 *Welches Bilderbuch für Kinder stammt vom Frankfurter Arzt Heinrich Hoffmann (1809–1894)?*
a) Die kleine Raupe Nimmersatt
b) Jim Knopf und Lukas der Lokomotivführer
c) Der Struwwelpeter d) Pippi Langstrumpf

7 *Wer sägt »voller Tücke in die Brücke eine Lücke«?*
a) Rumpelstilzchen b) Max und Moritz
c) Ernie und Bert d) Harry Potter

8 *Wer erfand die Figur Pippi Langstrumpf?*
a) Joanne K. Rowling
b) Christine Nöstlinger
c) Johann Wolfgang von Goethe
d) Astrid Lindgren

9 *Wer erzählte die »Unendliche Geschichte«?*
a) Stephen King
b) Erich Kästner
c) Peter Ustinov
d) Michael Ende

10 *Welches Märchen machte den Piloten Antoine de Saint-Exupéry (1900–1944) berühmt?*
a) »Der Teufel mit den drei goldenen Haaren«
b) »Sindbad, der Seefahrer«
c) »Der kleine Prinz«
d) »Schneewittchen«

11 *Wer schrieb den Nachkriegsroman »Die Blechtrommel«?*
a) Heinrich Böll b) Jean-Paul Sartre
c) Günter Grass d) Heinrich Mann

12 *Wer ist der Ritter von der traurigen Gestalt?*
a) Prinz Eisenherz
b) Winnetou
c) Das Phantom der Oper
d) der Titelheld des Romans »Don Quijote de la Mancha« von Miguel de Cervantes Saavedra

13 *Wer wird in der Literatur als der Lügenbaron bezeichnet?*
a) Pinocchio
b) der Offizier Karl Friedrich Hieronymus Freiherr von Münchhausen
c) Nathan der Weise
d) Jakob der Lügner

14 *Wer schrieb den Roman »Schuld und Sühne«?*
a) Fjodor Dostojewski
b) Vladimir Nabokov
c) Karl Kraus
d) Erich Kästner

15 *Wer schrieb den Zukunftsroman »Reisen zum Mittelpunkt der Erde« (1864)?*
a) Stanislaw Lem
b) Jules Verne
c) Marion Zimmer Bradley
d) Ernest Hemingway

16 *Wer schrieb »Moll Flanders« und »Robinson Crusoe«?*
a) Agatha Christie
b) Charles Dickens
c) Astrid Lindgren
d) Daniel Defoe

17 *Welche chilenische Schriftstellerin schrieb den Roman »Das Geisterhaus«?*
a) Margaret Atwood
b) Joy Fielding
c) Elizabeth Dunkel
d) Isabel Allende

18 *Welcher pazifistische Roman machte Bertha von Suttner berühmt?*
a) Die Brücke
b) Das siebte Kreuz
c) Die Waffen nieder
d) Die Weber

19 *Welche Schauerfigur erschuf der anglo-irische Schriftsteller Bram Stoker?*
a) Nosferatu
b) Frankensteins Monster
c) Dracula
d) Die Mumie

20 *Aus welchem Roman stammt das Zitat »Alle Tiere sind gleich, aber manche sind gleicher«?*
a) »Unten am Fluss« (»Watership Down«)
b) »Farm der Tiere«
c) »Der Wind in den Weiden«
d) »Felidae«
Lösungen siehe Seite 231

Malerei und bildende Künste

1 *Was ist ein Fresko?*
a) eine Farbe, die rasch eintrocknet
b) ein auf den frischen Putz einer Wand aufgetragenes Gemälde
c) ein Gemälde, das Heilige zeigt
d) Bild, das nur in Kirchen gezeigt wird

2 *Was ist der Unterschied zwischen einer Plastik und einer Skulptur?*

a) eine Plastik entsteht aus formbarem Material wie z. B. Ton, eine Skulptur wird z. B. durch Behauen von außen nach innen erarbeitet
b) eine Plastik entsteht aus Kunststoff, eine Skulptur aus Stein
c) eine Plastik ist stets abstrakt, eine Skulptur figürlich
d) eine Plastik kann von jedem erschaffen werden, eine Skulptur nur von ausgebildeten Bildhauern

3 *Was bezeichnet man als Stillleben?*

a) Darstellung einer großen Menschengruppe
b) Darstellung der unbelebten oder toten Natur, z. B. Früchte, Blumen
c) Darstellung von Bäumen und Sträuchern
d) ein Bild, bei dem der Künstler während des Malens schweigen muss

4 *Wie wird eine Radierung hergestellt?*

a) durch Aufspritzen auf den Maluntergrund
b) eine Bleistiftzeichnung wird mit dem Radiergummi nachbearbeitet
c) durch Ätzen
d) durch bildhauerische Tätigkeit

5 *Was ist eine Retrospektive in der Kunst?*

a) Ausstellung, die ein und dasselbe Werk aus mehreren Perspektiven (von oben, unten, seitlich usw.) zeigt

→

b) eine Ausstellung, bei der verschiedene Kunstwerke zum gleichen Thema gezeigt werden
c) eine spezielle Maltechnik
d) Ausstellung, die das Gesamtwerk eines Künstlers oder die Gesamtproduktion einer bestimmten Schaffensperiode präsentiert

6 *Wer malte das Bild »Nachtwache«?*
a) Rembrandt b) Rubens c) Picasso d) Warhol

7 *Mit welcher Kunstrichtung bringt man Salvador Dalí und René Magritte in Verbindung?*
a) Moderne
b) Kubismus
c) Impressionismus
d) Surrealismus

8 *Welcher universale Künstler des 20. Jahrhunderts ist der bedeutendste Maler der Moderne?*
a) Auguste Renoir
b) Pablo Picasso
c) Andy Warhol
d) Jason Pollock

9 *Welcher deutsche Aktionskünstler machte Objekte aus Honig, Fett und Filz?*
a) Salvador Dalí
b) Horst Janssen
c) Joseph Beuys
d) Käthe Kollwitz

10 *In welchem Land wird das Delfter Porzellan hergestellt?*
a) Deutschland
b) Spanien
c) Niederlande
d) Türkei
Lösungen siehe Seite 231

Musik

1 *Was ist ein Bariton?*
a) ein Ton, den nur ausgebildete Opernsänger treffen
b) eine weibliche Gesangsstimme
c) ein Musikinstrument
d) mittlere Männerstimmlage, zwischen Tenor und Bass

2 *Was bezeichnet man in der Musik als Oktave?*
a) ein traditionelles irisches Musikinstrument
b) einen Halbton
c) den Notenschlüssel im Fachjargon
d) den achten Ton im Notenintervall oder auch die Gesamtheit der acht Notenstufen

3 *Was ist ein Requiem?*
a) Lied zu Ehren Gottes
b) eine Totenmesse
c) ein altes Saiteninstrument
d) eine traurige, alte Volksweise

4 *Woher stammt der Flamenco und worum handelt es sich dabei?*
a) Andalusien, Tanzlied
b) Italien, Trauerlied
c) Portugal, Volkslied
d) Deutschland, Kanon

5 *Welche Musikinstrumente tragen den Namen der Firma Steinway?*
a) Gitarren b) Triangeln c) Klaviere d) Trompeten

6 *Wie nennt man die Regie bei der Gestaltung eines Balletts bzw. Tanzstücks?*
a) Regie
b) Komposition
c) Geografie
d) Choreografie

7 *In welchem Land spielt die Oper »Aida«?*
a) Dänemark b) Ägypten c) Italien d) Finnland

8 *Wie viele Opern hat Ludwig van Beethoven (1770–1827) komponiert?*
a) 4 b) 10 c) 1 d) 100

9 *Wer komponierte die romantische Oper »Lohengrin« (1850)?*
a) Richard Wagner
b) Ludwig van Beethoven
c) Bob Marley
d) Giacomo Puccini

10 *Wer komponierte die Operette »Die lustige Witwe« (1905)?*
a) Paul Kuhn
b) Peter Tschaikowski
c) Franz Lehár
d) Richard Wagner

11 *Wer ist seit den 70er-Jahren der erfolgreichste Musicalkomponist der Gegenwart?*
a) Kurt Weill
b) Leonard Bernstein
c) Herbert Grönemeyer
d) Andrew Lloyd Webber

12 *Welcher legendäre Jazztrompeter (Hello Dolly) wurde mit Spitznamen Satchmo genannt?*
a) Glenn Miller
b) Louis Armstrong
c) Stefan Mross
d) Miles Davis

13 *Welches deutschsprachige Volkslied wurde durch Elvis Presley ein Hit?*
a) Die Vogelhochzeit
b) Am Brunnen vor dem Tore
c) Muss i denn ...
d) Hoch auf dem gelben Wagen

14 *Aus welcher Stadt stammen die Beatles?*
a) Manchester b) London c) Paris d) Liverpool

15 *Wie heißt der erste Hit der Rolling Stones und wer ist der Leiter der Band?*
a) Rock around the clock, Bill Haley
b) Satisfaction, Mick Jagger
c) Chemical reaction, Sasha
d) Purple Rain, Prince

16 *Welcher britische Pop-Star fiel durch seine extravaganten Brillen auf?*
a) Elton John
b) Heino
c) Kurt Cobain
d) Robbie Williams

17 *Welche Pop-Gruppe gewann mit »Waterloo« den Grand Prix d'Eurovision?*
a) Stefan Raab und Band
b) Dschingis Khan
c) Abba
d) Pearl Jam

18 *Mit welcher LP gelang Michael Jackson 1982 der internationale Durchbruch?*
a) Thriller b) Get a grip c) Room to roam d) Killer

19 *Welche amerikanische Sängerin italienischer Herkunft wurde zum Superstar der Pop-Szene?*
a) Celine Dion
b) Madonna
c) Gianna Nannini
d) Annie Lennox

20 *Wie hieß die Pop-Gruppe mit Dieter Bohlen und Thomas Anders?*
a) Careless Whispers
b) Modern Talking
c) The Corrs
d) Modern Quaking
Lösungen siehe Seite 231

Film

1 *Für welchen Film bekamen sowohl Jodie Foster als auch Anthony Hopkins einen Oscar?*
a) Das Mädchen am Ende der Straße
b) Nell
c) Das Schweigen der Lämmer
d) Matrix

2 *Mit welcher Rolle wurde Margaret Rutherford berühmt?*
a) Miss Marple (Agatha Christie)
b) Miss Sophie (Dinner for one)
c) Miss Jessica (und ihr Chauffeur)
d) Miss Celie (»Die Farbe Lila«)

3 *Wer führte Regie in dem Film »Manche mögen's heiß« mit Marilyn Monroe?*
a) Francis Ford Coppola
b) Robert de Niro
c) Steven Spielberg
d) Billy Wilder

4 *Welche amerikanische Schauspielerin wurde in den 50er-Jahren zum Sexsymbol Hollywoods?*
a) Winona Ryder →

b) Elke Sommer
c) Marilyn Monroe
d) Lauren Bacall

5 *In welchem Film wurde Humphrey Bogart zu einer Film-Ikone und welche Rolle spielte er?*
a) Der Pate, den Mafia-Boss Corleone
b) Casablanca, Rick, den Barbesitzer
c) Nur die Sonne war Zeuge, den Mörder Ripley
d) Rocky, den Boxer Rocky

6 *Mit welchem Film gewann Humphrey Bogart seinen einzigen Oscar?*
a) Wir sind keine Engel
b) Nosferatu
c) African Queen
d) Hunde wollt ihr ewig leben

7 *Welche schwedische Film-Diva erhielt den Beinamen »Die Göttliche«?*
a) Liv Ullmann
b) Greta Garbo
c) Asta Nielsen
d) Hildegard Knef

8 *In welcher Stadt an der Riviera finden alljährlich Filmfestspiele statt?*
a) Cannes b) St. Tropez c) Rimini d) Berlin

9 *Wie heißt der begehrte internationale Filmpreis von Cannes?*
a) Rote Laterne

➜

b) Goldener Löwe
c) Goldene Palme
d) Goldene Zitrone

10 *In welchem Film der 30er-Jahre trat Marlene Dietrich (1901–1992) als Tänzerin auf?*
a) Leoparden küsst man nicht
b) Nosferatu
c) Metropolis
d) Der blaue Engel

11 *In welchem Film spielte Dustin Hoffmann einen Autisten?*
a) Der Marathon-Mann
b) Die Reifeprüfung
c) Nell
d) Rain Man

12 *Wie heißt Loriot mit bürgerlichem Namen?*
a) Victor von Bülow
b) Ingo Appelt
c) Karl Kraus
d) Stefan Raab

13 *Wie heißt die weibliche Hauptdarstellerin in »Pretty Woman«?*
a) Winona Ryder
b) Julia Roberts
c) Jodie Foster
d) Christiane Paul

14 *Wie heißt der beste Freund von Fred Feuerstein?*
a) Bob Felsenstemmer
b) Ernie Dinosauer
c) Barney Geröllheimer
d) Bruce Wayne

15 *In welchem Schauspieler fand Ginger Rogers den idealen Partner?*
a) Bing Crosby
b) Fred Astaire
c) Robert de Niro
d) King Kong

16 *Wer spielte die weibliche Hauptrolle in »Rosemary's Baby«?*
a) Mia Farrow
b) Diane Keaton
c) Bette Middler
d) Marilyn Monroe

17 *Wie heißt die weibliche Hauptperson in »Vom Winde verweht«?*
a) Lara
b) Buttercup
c) Scarlett O'Hara
d) Erin Brokovich

18 *Welcher Tarzan-Darsteller gewann fünf Medaillen bei olympischen Spielen?*
a) Pierce Brosnan b) Johnny Weissmüller
c) Jürgen Vogel d) Sean Connery

Lösungen siehe Seite 232

Sport

1. *Wer hat das Springpferd »Halla« geritten?*
   a) Klimke
   b) Neckermann
   c) Schockemöhle
   d) Winkler

2. *Was ist ein Rhönrad?*
   a) Antrieb eines Föhns
   b) Turngerät
   c) Dreirad
   d) Rennrad

3. *Wie lange dauert beim Boxen eine Runde?*
   a) 5 Minuten b) 4 Minuten
   c) 3 1/2 Minuten d) 3 Minuten

4. *Wie viele Spieler gehören zu einer Wasserballmannschaft?*
   a) 12 b) 6 c) 7 und 4 Reservespieler d) 4

5. *Wo fand die erste Fußballweltmeisterschaft statt?*
   a) Uruguay b) Italien c) Großbritannien d) Schweiz

6. *Wie viele Hürden hat eine 400-Meter-Hürdenlauf-Strecke?*
   a) 20 b) 15 c) 10 d) 17

7. *Bei welcher Fechtart ist der gesamte Körper Trefffläche?*
   a) Florett b) Degen c) Krummsäbel d) Säbel

8 *Wie nennt man den Spielstock beim Billard?*
a) Dolch b) Bat c) Putter d) Queue

9 *Wie oft darf eine Volleyballmannschaft den Ball hintereinander höchstens berühren?*
a) nur einmal
b) zweimal
c) dreimal
d) unbegrenzt

10 *Welche Sportart gehört nicht zum Triathlon?*
a) Reiten b) Schwimmen c) Radfahren d) Laufen

11 *Womit ist ein Medizinball gefüllt?*
a) Sand b) Wildhaare c) Sägemehl d) Schafwolle

12 *Wie lang ist eine Marathonstrecke?*
a) 51,120 km
b) 42,195 km
c) 42,965 km
d) 44,395 km

13 *Wie hoch hängt ein Basketballkorb?*
a) 2,14 m b) 2,44 m c) 3,05 m d) 3,45 m

14 *In welcher Sportart wurde Edson Arantes do Nascimento weltbekannt?*
a) Boxen b) Schwimmen c) Eiskunstlauf d) Fußball

15 *In welcher Stadt ist die Spanische Reitschule?*
a) Granada b) Sevilla c) Rom d) Wien

16 *In welcher Nähe ist »Holmenkollen« (Ski)?*
a) Helsinki b) Stockholm c) Oslo d) Bergen

17 *Wer hat bei den Olympischen Spielen 2000 den 400-m-Lauf der Frauen gewonnen?*
a) Florence Griffith-Joyner
b) Franziska van Almsick
c) Cathy Freeman
d) Britney Spears

18 *Welche Sportart war 2000 zum ersten Mal olympische Disziplin?*
a) Rhönradfahren
b) Badminton
c) Kajak
d) Hammerwerfen der Frauen
Lösungen siehe Seite 232

Intelligenztests

Ging es im vorangegangenen Kapitel noch um Schulwissen und Sachkenntnisse, so stehen nun andere Fähigkeiten und Begabungen auf dem Prüfstand. Im Folgenden sind vor allem Ihr Kombinations- und Ihr abstraktes Denkvermögen gefragt, Ihre Auffassungsgabe und der Mut, auch einmal quer zu denken, außerhalb der konventionellen Muster.

Unter Beweis stellen sollen Sie all das in Scherzfragen, Knobelaufgaben, Übungen zum Kombinationsvermögen, zur verbalen und mathematischen Intelligenz, in Rechenrätseln und Aufgaben zur Merk- und Konzentrationsfähigkeit sowie Ihrem räumlichen Vorstellungsvermögen.

Dabei wollen wir noch einmal betonen, dass wir mit den hier angebotenen Übungen die Messlatte wirklich sehr hoch gehängt haben. Lassen Sie sich also auf gar keinen Fall irritieren oder aus der Ruhe bringen, wenn Sie häufig keine oder nicht die richtige Antwort finden. Das soll natürlich nicht heißen, dass Sie sich nicht anstrengen sollen oder sowieso gleich im Lösungsteil nachschauen können. Ganz im Gegenteil. Wir hoffen, Ihnen mit dieser anspruchsvollen Auswahl eine Herausforderung bieten zu können, an der Sie Ihre Fähigkeiten prüfen, trainieren und verbessern können, in der Sie Mechanismen bestimmter Fragemuster durchschauen lernen und Denkanstöße erhalten.

Und ganz bestimmt wollen wir Sie nicht frustrieren, also nehmen Sie es als eine Art sportlichen Wettbewerb: Sie haben die Latte zum dritten Mal gerissen? Und wenn schon, dann nehmen Sie eben ein viertes Mal Anlauf. Wie schon gesagt, wir haben Sie ja auch wirklich verflixt hoch gehängt ...

Scherzfragen

Um die Ecke gedacht

1. Womit fängt der Tag an und hört die Nacht auf?
2. Es kommt nur einmal in der Minute, zweimal im Moment, aber keinmal im Jahr vor. Was ist das?
3. Lirum, Larum, Löffelstiel, wie schreibt man das mit drei Buchstaben?
4. Wo wächst der beste Wein?
5. Eine Taube frisst eher 1 kg Weizen als ein Pferd. Richtig?
6. Was steht hinter dem Kölner Dom?
7. Woher kommt eine Ente, die in Duisburg im Rhein schwimmt?
8. Was macht ein Glaser, wenn er kein Glas hat?
9. Wer es macht, der verrät es nicht; wer es nimmt, der kennt es nicht; wer es kennt, der nimmt es nicht. Was ist das?
10. Welche Fragen können sinnvollerweise niemals mit ja beantwortet werden?
11. Wie können Sie Wasser in einem Sieb transportieren?
12. Wenn es Flüssigkeit zu sich genommen hat, ist dieses klar zu identifizieren. Was ist es?
13. Was setzt ein ausgebildeter Gärtner als Erstes im Frühjahr in seinen Garten?
14. Wo kommt die Hochzeit vor der Verlobung vor?
15. Wie viele Butterbrote kann ein zwölfjähriges Kind auf nüchternen Magen essen?
16. Hat ein Nachtwächter, der am Tag stirbt, einen Anspruch auf Berufsunfähigkeitsrente?

17 In welchem Monat wird fast immer das Heu gemäht?
18 Was ist bei einer Maus groß und bei einem Kamel klein?
19 Welche Sportler müssen unbedingt mit 18 Jahren noch wachsen?
20 Welcher Mann hat Angst vor der Sonne?
21 Wie kann jemand mit blauer Tinte rot schreiben?
22 Was steht mitten im Feuer, verbrennt aber nicht?
23 Was will jeder werden und doch keiner sein?
24 Wer freut sich, wenn er brotlos wird?
25 Wann kann ein Japaner »Guten Morgen« sagen?
26 Welches Tier kann höher springen als ein Einfamilienhaus?
27 Was steht mitten in Paris?
28 Es wiegt nichts und kann mit bloßem Auge erkannt werden. Außerdem kann dadurch ein Fass geleert werden. Worum handelt es sich?
29 Welcher Mensch hat alle zehn Gebote gehalten?
30 Zeichnen Sie ein Quadrat mit drei Strichen!
31 Welches Wort wird immer falsch geschrieben?
32 Wie viele Tiere jeder Art nahm Moses mit an Bord der Arche?
33 Kann eine Frau, die in Bottrop lebt, in Essen beerdigt werden?
34 In welche Fässer sollten keine Getränke nachgefüllt werden?
35 Was kann eine Reiterin daran hindern, auf einem Pferd zu sitzen?
36 Wer bestellt im Restaurant den Ober?
37 Wer hat Hühneraugen am Kopf?
38 Nennen Sie ein eisenhaltiges Abführmittel!
39 Wo führen Flüsse kein Wasser?
40 Ist in Trier schon einmal ein großer Mann geboren worden?
41 Warum kann es nie zwei Tage hintereinander schneien?
42 Welches Tier sieht dem Wolf am ähnlichsten?
43 Mit welcher Kanone kann nicht geschossen werden?

44 Welcher Bus hat den Ozean überquert?
45 Was kann mit Worten nicht ausgedrückt werden?
46 Welche Frage kann sinnvollerweise nicht mit nein beantwortet werden?
47 Mit welcher Hand rühren die Chinesen den Zucker im Tee um?
48 Aus wie vielen Buchstaben besteht eine Rasierklinge?
49 Welches dreisilbige Wort umfasst alle 26 Buchstaben?
50 Wer weiß am genausten, was den Menschen fehlt?
51 In einer Disco kam es zu einer Schlägerei. Ein Beteiligter schilderte dem Polizeibeamten den Hergang: »Ja, wir saßen gleich rechts, an dem kleinsten dreibeinigen Tisch. Plötzlich entstand ein heftiger Wortwechsel. Ich bückte mich, um mit einem Bierdeckel den wackelnden Tisch gerade auszurichten; da bekam ich mit einer Flasche einen Schlag auf den Kopf.« Handelt es sich um eine Lüge?
52 Womit beginnt immer jede Arbeit?
53 Welche Vögel, die aus Eiern schlüpfen, legen selbst keine Eier?
54 Am Essener Hauptbahnhof stehen am Taxistand zwölf Taxen. Drei werden von Kunden gerufen. Wie viele bleiben stehen?
55 In welcher Behausung wird auch bei bitterster Kälte normalerweise nicht geheizt?
56 Welche Tiergattung gab es nicht in der Arche Noah?
57 Was befindet sich zwischen Himmel und Erde?
58 Derjenige, der ihn herstellt, möchte ihn schnell wieder loswerden. Derjenige, der viel Geld für ihn bezahlt, braucht ihn selbst nicht. Der, für den er bestimmt ist, sieht ihn nie. Was ist es?
59 Archäologen haben eine Münze mit der Prägung 84 v. Chr. gefunden. Kann das stimmen? Begründung!

60 In vielen – auch älteren Bauwerken – können nicht nur Experten durch Wände sehen. Um welche Erfindung handelt es sich dabei?
Lösungen siehe Seite 232

Zahlenzauber

1 Sie besichtigen einen Hühnerhof. Der Eigentümer erklärt ihnen, dass von 240 Hühnern alle außer 60 gestorben sind. Wie viele Hühner hat er noch?

2 Ein Bauer hat 20 Schweine, 40 Kühe und 60 Pferde. Wie viele Pferde hat er, wenn man die Kühe als Pferde bezeichnet?

3 Eine Elektrolok fährt mit einer Geschwindigkeit von 180 km/h genau in Ost-West-Richtung. Der Wind bläst mit einer Geschwindigkeit von 50 km/h aus dem Osten. Wohin weht der Rauch?

4 Ein Chemiker entdeckt, dass ein chemisches (von ihm entwickeltes) Experiment 80 Sekunden dauert, wenn er einen gefütterten Wollmantel trägt. Warum benötigt er für das gleiche am nackten Körper durchgeführte Experiment $1\,{}^{1}/_{3}$ Minuten?

5 Auf einem Baum sitzen 23 Spatzen. Ein Jäger schießt mit seinem Schrotgewehr 4 Spatzen herunter. Wie viele Spatzen bleiben noch sitzen?

6 Wie viele Monate haben 30 Tage?

7 Sie sind der Fahrer eines neuen Rennwagens. Mit einer Geschwindigkeit von 250 km/h fährt der Wagen auf einer Rennstrecke, die 110 km lang und 5 m breit ist. Nach ca. 10 km kann der Fahrer wegen Regens nur noch mit halber Geschwindigkeit fahren. Wie alt ist der Fahrer?

8 Wann ist 25-10=16?

9 Sie bezahlen einem Hotelangestellten 150 Euro für eine

Übernachtung. Als der Angestellte entdeckt, dass er 50 Euro zu viel bekommen hat, schickt er einen Pagen mit fünf 10-Euro-Scheinen zu Ihrem Zimmer. Der unehrliche Page gibt Ihnen nur drei Scheine zurück und behält die anderen beiden selbst. Sie haben daher für Ihr Zimmer 120 Euro bezahlt. Der Page hat 20 Euro eingenommen. Das ergibt einen Betrag von 140 Euro. Wo sind die fehlenden 10 Euro?

10 In einem Ort haben 9 % der Bevölkerung eine Geheimnummer. Wie viele Personen können Sie trotz vieler Anrufe nicht erreichen, wenn Sie willkürlich 200 Telefonnummern aus dem Telefonbuch auswählen?

11 Ein sparsamer Mensch möchte alle vier Reifen seines Autos gleichmäßig abnutzen, deshalb wechselt er diese in bestimmten Abständen mit seinem Ersatzreifen. Wie viel Kilometer hat jeder Reifen bei einer Gesamtstrecke von 50 000 km gelaufen?

12 Ein armer Mann besaß nichts außer einer Gans von 12 Pfund. Daher ging er zum Markt, um seine Gans zu verkaufen. Unterwegs sagte er zu seiner Gans: »Wenn du doch aus purem Gold wärst.« Das hörte eine Fee und erfüllte ihm den Wunsch. »Ich bin Millionär!«, jubelte der Mann. Stimmt das, wenn der Goldpreis bei 10 000 Euro pro Kilo liegt?

13 Auf einer Hochzeit fragt der blinde Brautvater nach der Anzahl der Anwesenden. Der Bräutigam sagt: »Wären es doppelt so viel, wie anwesend sind, und die Hälfte und ein Viertel der Anwesenden und eine Person dazu, dann wären es genau 100.« Nennen Sie bitte die Anzahl der Anwesenden.

Lösungen siehe Seite 233

Kombiniere ...

1 Wo war der Mann der Witwe Bolte während des Hühnerdiebstahls?

2 Kann ein lebender Dackel in einem leeren Sack weggetragen werden?

3 Welche Krankheit kommt auf dem Lande nicht vor?

4 Wer geht über ein Feld und bewegt sich dennoch nicht?

5 Ich habe etwas in der Tasche und habe doch nichts in der Tasche.

6 »Im Sommer haben wir Urlaub auf einem Bauernhof gemacht«, erzählt Sebastian. »Auf diesem Hof gab es einen Vogel, der keine Eier legte und doch ausgebrütet wurde.« Um welches Tier handelt es sich?

7 In welchem Monat schlafen 18-jährige Chinesen am wenigsten?

8 An einem verkaufsoffenen Sonntag ging Detlef 10 Kilometer durch die Innenstadt von Essen, ohne eine Person zu sehen oder gesehen zu werden. An diesem Tag waren viele Personen in Essen unterwegs. Warum wurde er nicht gesehen bzw. warum sah er keine Person?

9 Ein Fahrer steckt mit seinem Lastwagen (Höhe 3,54 m) unter einer 3,50 m hohen Brücke fest. Was raten Sie dem Fahrer, damit er die Fahrt bald fortsetzen kann?

10 Ein schwarz gekleideter Alkoholiker befand sich nach einer Zechtour auf dem Weg zu seiner Wohnung. Er ging mitten auf einer abgelegenen Landstraße, die weder von Laternen noch vom Mondlicht erleuchtet wurde. Plötzlich raste ein unbeleuchtetes Auto auf ihn zu. Der Fahrer des Wagens konnte im letzten Moment dem Mann noch ausweichen. Wie konnte er den Mann erkennen?

11 Um 11:30 Uhr presste eine 22-jährige attraktive Blondine – ohne ein Wort zu sagen – einem nicht besonders attrakti-

ven 45-jährigen Mann in einer belebten Fußgängerzone mehrmals ihre Lippen intensiv auf den Mund. Die Frau kannte den Mann nicht und hatte ihn noch nie vorher gesehen. Kennen Sie den Grund?
Lösungen siehe Seite 233

Knobelaufgaben

Nachdenken

1. Warum fressen Eisbären in ihrer Heimat keine Pinguine?
2. Wenn ein großes Segelschiff von Hamburg nach New York fährt: Welcher Teil des Schiffes hat die längste Strecke zurückgelegt?
3. Dirk Rechner sagt: »Ich war vorgestern noch 40 Jahre alt, nächstes Jahr werde ich 43.« Ist das überhaupt möglich?
4. Seerosen verdoppeln ihre Fläche alle 24 Stunden. Zu Beginn des Sommers gibt es eine Seerose auf dem See, nach 40 Tagen ist der See völlig bedeckt. An welchem Tag ist der See zur Hälfte zugewachsen?
5. Sie befinden sich in einem viereckigen Haus. Jede Seite zeigt Richtung Süden. Ein Bär kommt vorbei. Welche Farbe hat der Bär?
6. Ein Grieche wurde am siebten Tag des Jahres 40 v.Chr. geboren und starb am siebten Tag des Jahres 40 n.Chr. Wie alt wurde er?
7. Als Julia im Deutschunterricht die zweite Strophe eines Gedichts aufsagen soll, behauptet sie, sie habe nur die erste Strophe auf Seite 31 lernen können, weil die Seite 32 aus dem Buch herausgerissen worden sei. Woher weiß der Lehrer, dass Julia lügt?
8. Zwei früh verwitwete Personen heiraten erneut. Für beide

ist es die zweite Ehe, und beide haben Kinder aus erster Ehe. Später bekommt das Paar weitere gemeinsame Kinder. Jeder der Ehepartner hat jetzt fünf leibliche Kinder. Insgesamt besteht ihre Familie jetzt aus neun Personen. Wie viele gemeinsame Kinder hat das Ehepaar?
Lösungen siehe Seite 234

Querdenken

1. Jörg erzählt: »Ich habe vier Männern zugesehen, die die ganze Nacht spielten. Am Ende hatte jeder einen Gewinn von 500 Euro. Und keiner hatte auch nur einen Cent verloren.« Wie kann das sein?
2. Julia und Andrea sind Schwestern und sehen einander sehr ähnlich. Beide haben dasselbe Geburtsdatum. Dennoch sind sie keine Zwillinge. Warum nicht?
3. Ein Polizist sah einen Taxifahrer, der in einer Einbahnstraße in der falschen Richtung unterwegs war. Wieso hielt der Polizist ihn nicht an?
4. Wie konnte eine Fußballmannschaft ein Spiel gewinnen, obwohl es keinem Mann gelang, auch nur ein einziges Tor zu schießen?
5. Von sechs Kerzen werden vier ausgeblasen. Wie viele bleiben übrig?
6. »Ich garantiere«, sagt der Verkäufer einer Tierhandlung, »dass dieser Papagei jedes Wort wiederholt, das er hört.« Der Kunde kaufte den Papagei und musste feststellen, dass dieser nicht ein einziges Wort sprach. Dennoch hatte der Verkäufer die Wahrheit gesagt. Wie lässt sich das erklären?
7. Wie können zwei Frauen fünf Partien Schach spielen und (ohne ein Unentschieden) beide gleich oft gewinnen?
8. Sebastian bewegte einen Gegenstand und ging zu einem

Hotel. Er wusste sofort, dass er bankrott war. Wieso wusste er das?

9 Ein Araber hinterließ seinen drei Söhnen 19 Kamele. In seinem letzten Willen hatte er bestimmt, dass die Tiere vor der Erbteilung nicht verkauft werden dürfen, ferner, dass der älteste Sohn die Hälfte, der mittlere den vierten Teil, der jüngste Sohn den fünften Teil erhalten sollte. Die Söhne konnten sich nicht einigen und kommen daher zu Ihnen. Mit welchem genialen Trick helfen Sie den drei Brüdern?

Lösungen siehe Seite 234

Situationsdenken

1 Ein bekannter Politiker wurde mit Tomaten beworfen und sehr schwer verletzt. Wie ist das möglich?

2 Auf einer schönen Frühlingswiese liegt ein toter 30-jähriger Sportler. Neben ihm befindet sich ein ungeöffnetes Paket. In seiner Nähe befinden sich keine Lebewesen. Klären Sie die Todesursache auf!

3 Wieso blieb ein Zweijähriger unverletzt, als er im zwölften Stock eines Hochhauses von der Fensterbank fiel?

4 Sven Luftig sagt, dass er beim Kirschenpflücken von einer 7 m hohen Leiter gefallen ist, ohne sich zu verletzen. Wie ist dieses möglich?

5 Claudia wohnt im 13. Stock eines Hochhauses. Wenn sie die Wohnung verlässt, nimmt sie den Aufzug bis zum Erdgeschoss. Wenn sie zurückkommt, fährt sie fast immer bis zum 9. Stock und läuft die restlichen Stockwerke. Warum läuft sie?

6 Bei Sven Morgenmuffel ist das Licht ausgefallen, deshalb geht er in den Keller des Sechsfamilienhauses, um die Sicherungen zu überprüfen. Die massive Kellertür fällt hinter ihm ins Schloss und ist nicht mehr zu öffnen. Obwohl ihn

aus dem Keller niemand mehr hören kann, macht er intensiv auf sich aufmerksam. Wie ist das möglich?

7 Ein Kerzenhersteller weiß, dass er aus sechs Kerzenresten wieder eine ganze neue Kerze herstellen kann. Er hat 600 Kerzenreste. Wie viele neue Kerzen kann er daraus insgesamt erzeugen, wenn bei der Herstellung jeder Kerze ein neuer Rest übrig bleibt?

8 Eine Frau antwortet entweder immer unehrlich oder wechselt zwischen ehrlichen und erlogenen Antworten ab. Wie können Sie mit zwei Fragen, die nur mit Ja oder Nein beantwortet werden dürfen, feststellen, ob sie die Wahrheit sagt, lügt oder abwechselt?

9 Das Lokal »Der Blaue Anker« ist endlich wieder gut besucht. Am frühen Abend verlassen von den Anwesenden die Hälfte und eine halbe Person das Lokal. Eine Stunde später folgen vom Rest wiederum die Hälfte und eine halbe Person. Als der Wirt schließen möchte, verlassen von den noch Anwesenden erneut die Hälfte und eine halbe Person das Lokal. Zurück bleiben nur der Wirt, seine Frau und die Bedienung. Wie viele Gäste waren anfangs in dem Lokal?

10 Wenn jede Japanerin aus Tokio eine Kamera in der Hand hat, wenn sie den Kölner Dom besichtigt, und wenn jede Frau, die den Kölner Dom besichtigt und eine Kamera in der Hand hat, eine Japanerin aus Tokio ist, kann dann behauptet werden, dass jede Japanerin aus Tokio, die eine Kamera in der Hand hat, den Kölner Dom besichtigt?

Lösungen siehe Seite 234

Problemdenken

1 Wie kann die Kochzeit von 15 Minuten für ein Ei bestimmt werden, wenn nur eine Eieruhr (Sand) für sieben Minuten und eine für elf Minuten vorhanden sind?

2 Sie kommen in einer dunklen Nacht an eine Gabelung. Ein Weg führt zum Schloss und der andere ins Moor. An der Gabelung befindet sich ein Haus. In diesem Haus wohnen zwei Brüder. Der eine sagt immer die Wahrheit und der andere lügt immer. Sie stellen einem (Sie wissen nicht, welchem!) eine Frage. Nach der Antwort wissen Sie den richtigen Weg. Wie lautet die Frage?

3 Der Hofastrologe hatte den König provoziert. »Wenn du wirklich alles vorhersehen kannst, wie du behauptest«, fauchte ihn der König an, »dann nenne mir jetzt sofort den Tag, an dem du sterben wirst!« Der Sterndeuter wusste, dass der König sehr abergläubisch war. Er schaffte es, seinen Kopf noch aus der Schlinge zu ziehen. Was antwortete er?

4 In einem Land leben Männer, die entweder Jäger oder Sammler sind. Sie unterscheiden sich äußerlich nicht. Die Jäger sagen nie die Wahrheit und die Sammler lügen nie. Sie heißen Aalto, Bingo und Che. Aalto sagt: »Wir gehören alle drei zur Gruppe der Jäger.« Dem widersprach jedoch Bingo: »Nein, einer von uns ist Sammler.« Was ist Che?

5 Eine Abteilung Soldaten erreicht einen Fluss. Die Brücke ist gesprengt und der Fluss reißend. Während der Offizier überlegt, was zu tun ist, sieht er ein kleines Boot, in dem zwei Kinder rudern. Er bemerkt aber auch sofort, dass es nur entweder einen Soldaten oder zwei Kinder tragen kann; also nicht einmal einen Soldaten und ein Kind. Trotzdem kommt er dahinter, wie er seine Leute über den Fluss bringen kann. Wie macht er das?

6 Sie wandern mit einem Freund. Plötzlich stehen Sie an einem Bach. Der Bach ist 3,50 m breit. Sie haben zwei Bretter von 3,00 m zur Verfügung. Es sind keine anderen Hilfsmittel vorhanden. Wie kommen Sie über den Bach?

7 Sven sah im fünfundzwanzigsten Stock eines Hochhauses durch ein Fenster. Er öffnete das Fenster und sprang hindurch. Die Fassade des Gebäudes fiel bis zum Boden steil ab. Sven landete weder auf einer weichen Unterlage noch benutze er einen Fallschirm. Wieso blieb er trotzdem unverletzt?

8 Zwei Münzen sind zusammen 0,60 Cent wert. Eine der beiden Münzen ist kein 50-Cent-Stück. Welche Münzen sind das?

9 In einem afrikanischen Dorf leben 800 Frauen. 12% von ihnen tragen einen Ohrring. Von den anderen 88% trägt die Hälfte zwei Ohrringe, die andere Hälfte keinen Ohrring. Wie groß ist die Gesamtzahl der von den Frauen getragenen Ohrringe?

10 Ein Arzt verschreibt Ihnen Tropfen. Sie sollen im Abstand von jeweils einer halben Stunde dreimal am Tag 15 Tropfen einnehmen. Wie lange brauchen Sie täglich insgesamt für die Einnahme?

11 Ein Löwe, ein Wolf und eine Hyäne fressen gemeinsam ein Schaf. Der Löwe würde das Schaf allein in einer Stunde fressen, der Wolf brauchte vier Stunden dafür und die Hyäne sechs Stunden. Wann sind sie fertig, wenn sie alle drei zusammen fressen?

12 Eine Millionärin hat den Ball vorzeitig verlassen. Als sie ihre Juwelen ablegen will, klopft es. Sie steht einem Herrn gegenüber, der sich entschuldigt. »Sorry. Ich habe mich in der Tür geirrt. Mein Zimmer hat die Nummer 123 und liegt neben ihrem.« Wieso lügt der Herr?

13 In einem orientalischen Land wurde jedes Verbrechen mit dem Tode bezahlt. Der blutrünstige König gab dem »Verbrecher« aber immer eine letzte Chance. In einem Kästchen befinden sich eine weiße und eine schwarze Kugel.

Wenn die weiße Kugel gezogen wurde, ergab das einen Freispruch. Alle Bürger wissen, dass sich in der Kiste immer zwei schwarze Kugeln befinden. Einem klugen Mann gelang es, freigesprochen zu werden. Wie ist das möglich?
Lösungen siehe Seite 235

Kombinationsvermögen

Wochentage finden

1. Übermorgen ist Mittwoch. Welcher Tag war gestern?
2. Vor genau einer Woche war es zwei Tage nach Samstag. Welcher Tag ist heute?
3. Gestern war vier Tage nach dem zweiten Tag. Welcher Tag ist morgen, wenn der elfte Tag ein Freitag ist?
4. Den ersten intensiven Streit hatten sie genau 200 Tage nach der Hochzeit. Diese wiederum fand am vierten Tag statt. Der 287. Tag ist ein Sonntag. An welchem Tag war der erste Streit?
5. Vor 47 Tagen haben wir den Aufstieg unserer Mannschaft gefeiert. Vier Tage später war das Erdbeben. Welcher Tag ist in sechs Tagen, wenn 11 Tage nach dem Erdbeben ein Montag war?
6. Vor zwei Wochen und drei Tagen war das Endspiel der Weltmeisterschaft, für das Sie bereits am 8. April Eintrittskarten kauften. Sechzehn Tage nach dem 2. Oktober ist ein Donnerstag. Welcher Tag ist übermorgen, wenn zwischen dem Kauf und dem Endspiel 73 Tage vergingen?
7. Drei Tage vor dem zehnten Tag war Donnerstag. Welcher Tag ist in vier Tagen, wenn in acht Tagen der dreizehnte Tag ist?
8. Bis zur Prüfung sind es noch 19 Tage. Am vierten Tag findet

das Finale statt. Drei Tage danach ist Freitag. Welcher Tag ist heute, wenn das Finale fünf Tage nach der Prüfung ist?

9 Morgen ist die Bauabnahme des Clubhauses. Vom ersten Spatenstich bis zur Abnahme dauerte es genau 11 Wochen und drei Tage. Zwei Tage vor dem ersten Spatenstich war der sechste Tag. Welcher Tag war gestern, wenn zehn Tage vor dem zwölften Tag ein Mittwoch war.

10 Welcher Tag ist in 923 Tagen, wenn vor 289 Tagen Sonntag war?

11 In fünf Tagen ist Mittwoch. Welcher Tag war vor drei Tagen?

12 Sechs Tage vor übermorgen war Montag. Welcher Tag war zwei Tage vor gestern?

13 Vorgestern war neun Tage nach Dienstag. Morgen ist?

14 Gestern war vier Tage nach dem zweiten Tag. Welcher Tag ist morgen, wenn der elfte Tag ein Freitag ist?

15 Wenn 837 Tage vor dem 9. Oktober 1863 ein Sonntag war, welcher Tag war dann 2861 Tage nach dem 30. August 1718? (Annahme: Jedes Jahr hat 365 Tage, Schaltjahre werden nicht berücksichtigt.)

16 Zehn Tage nach dem Tag, an dem der König das Land verließ, fingen die großen Ausschreitungen an. Die Ausschreitungen dauerten bis zum neunten Tag. Der 18. Dezember war 83 Tage nach dem neunzehnten Tag. Drei Tage vor dem fünfzehnten Tag war der König bereits elf Tage außer Landes. Welcher Tag ist am 23. April desselben Jahres, wenn 26 Tage, bevor der König das Land verließ, ein Dienstag war.

17 Vor vier Tagen war Freitag. Welcher Tag ist in fünf Tagen?

18 Neun Tage nach morgen ist Samstag. Welcher Tag war vor drei Tagen?

19 Zwei Tage nach übermorgen ist acht Tage nach Dienstag. Welcher Tag ist elf Tage nach vorgestern?

Lösungen siehe Seite 236

Verwandte finden

1. Dirk sagt: »Er ist nicht mein Bruder und doch der Sohn meiner Mutter.« Wer ist es?
2. Herr Welle fragt Herrn Klug: »Wer ist jener Mann dort?« Herr Klug antwortet: »Dieses Mannes Mutter ist meiner Mutter Schwiegermutter.«
3. Ein Junge sagt zu seiner Mutter: »Frage du doch einmal die Tochter meines Vaters, was sie der Tochter seines Vaters zu Weihnachten schenkt.« Wer will da wem was schenken?
4. Zwei Väter und zwei Söhne gehen gemeinsam auf die Jagd. Jeder von ihnen schießt einen Hasen, dennoch schießen sie insgesamt nur drei Hasen. Wie ist das möglich?
5. Ein Mann hat sechs Töchter, und jede Tochter hat einen Bruder. Wie viele Kinder hat der Mann?
6. Herr Flocke geht mit seiner Schwester Julia spazieren. Plötzlich sieht er einen anderen Mann. »Das ist Sven, mein Neffe«, ruft er. »Schade, dass ich keinen Neffen habe«, meint Julia. In welchem verwandtschaftlichen Verhältnis steht Sven zu Julia?
7. Svenja sagt zu ihrem Vater: »Es wäre wirklich schön, wenn sich der Sohn meiner Mutter mit dem Sohn ihrer Mutter endlich versöhnen würde.« Wer soll sich mit wem versöhnen?
8. Kann ein Mann nach bundesdeutschem Recht die Schwester seiner Witwe heiraten?

Lösungen siehe Seite 236

Logisches Kombinieren

1. Emil ist größer als Claus, Dieter ist größer als Bernd. Claus ist kleiner als Anton, jedoch größer als Dieter; Anton ist kleiner als Emil. Wer ist größenmäßig in der Mitte?
2. Auf dem Fensterbrett stehen drei Vasen in einer Reihe;

eine ist aus Glas, eine aus Ton, die dritte aus Porzellan. Die linke ist aus Glas, die mittlere ist nicht aus Porzellan. Aus welchem Material ist die rechte Vase?

3 In einem Kleinbus sitzen vier Kegelbrüder hintereinander. Jeder hat einen Gegenstand auf dem Schoß. Der Mann hinter Axel hat ein Radio. Paul sitzt hinter Bernd. Vor Heinz sitzt der Mann mit dem Fernglas. Axel sitzt vorn. Der Mann auf dem Platz vor Bernd hat ein Buch. Wer hat die Flasche?

4 Drei Herren haben jeweils ein Hobby und einen Beruf. Einer davon ist Zahnarzt, der andere Jurist und der dritte Pilot. Herr Held ist nicht der Pilot und Herr Hald ist kein Jurist. Ihre Hobbys sind unterschiedlich; der dritte Herr heißt übrigens Hild. Der Pilot spielt nicht Golf, der Jurist ist leidenschaftlicher Tennisspieler, und Herr Hald hasst Polo. Können Sie die Hobbys und die Berufe der drei Herren nennen?

5 Von insgesamt 20 Kugeln sind immer einige von gleichem Gewicht, so dass sich 3 Gewichtsklassen bilden lassen: schwer/mittel/leicht. 8 Kugeln sind schwer; von den mittelklassigen gibt es 2 mehr als von den leichten. Wie viele leichte Kugeln sind vorhanden?

a) 10 b) 4 c) 7 d) 5

6 Zwei abgeschnittene Stücke Blech sind zusammen genauso groß wie der restliche Teil der Blechscheibe. Wie viel vom ursprünglichen Ganzen beträgt die Größe des Reststückes?

a) ein Viertel b) unbestimmt c) die Hälfte
d) zwei Drittel e) drei Viertel

7 In einem Haus mit sechs Wohnungen wurden insgesamt 15 Lose verkauft. Jedes Los kostet denselben Preis. Die Gesamteinnahme des Verkäufers in diesem Haus beträgt 75 Euro. In den drei übereinander liegenden Wohnungen

im rechten Hausteil wurden doppelt so viele Lose verkauft wie in den drei übereinander liegenden Wohnungen auf der linken Seite. Der Mieter rechts unten kaufte für 25 Euro, der daneben nur für 10 Euro. Im obersten Stockwerk wurden an beide Mieter insgesamt vier Lose verkauft. Welcher Mieter kaufte kein Los?

8 Wer 5 Rosen hat, hat keine Nelke; wer 2 Rosen hat, hat 3 Nelken; wer 5 Nelken hat, hat keine Rose. Von den 6 Leuten hat jeder gleichviel Blumen. Einer hat keine Nelke. Insgesamt sind 11 Rosen in den Sträußen. Wie viele Leute haben 5 Nelken?

9 In einer Stadt gibt es, alle zusammengezählt, 96 Friseurstühle. Sie verteilen sich auf einige Damensalons, drei Herrensalons und einige andere Salons, von denen jeder genau zur Hälfte Herren- wie auch Damenstühle hat. Sämtliche Salons haben die gleiche Anzahl Stühle. Die reinen Herrensalons haben zusammen 24 Stühle; in der Stadt gibt es insgesamt 40 Herrenstühle. Die Anzahl der Damenstühle beträgt:

10 Strecke C ist viermal länger als Strecke D; ein Quadrat mit der Kantenlänge der Strecke B hätte die Fläche 16; Strecke A ist um die Hälfte länger als B; zwei Quadrate mit der Kantenlänge D hätten nur die halbe Fläche des Quadrats aus B. Welche beiden Strecken sind zusammen genauso lang wie Strecke C verkürzt um Strecke D?

11 In einem Kasten sind 12 Kugeln, 4 rote, 4 grüne, 4 weiße, die sich außer in ihrer Farbe durch nichts unterscheiden lassen. Mit verbundenen Augen darf die Mindestzahl von Kugeln herausgenommen werden, bei der sichergestellt ist, von einer Farbe drei Stück zu haben. Wie groß ist diese Mindestzahl?

12 Gleich hinter dem Haus ist eine Wiese, hinter der Wiese

steht ein kleiner Wald, dahinter liegt ein See. Was ist am weitesten vom Haus entfernt?

a) Wald b) Straße c) See d) unbestimmt e) Wiese

13 Franz und sein Vater sitzen im Wohnzimmer. Franz soll Bier holen. Das Bier ist in einer Tasche. Von der Küche führt die Treppe in den Keller. Der Kühlschrank steht im Hauskeller. Die Tasche befindet sich im Kühlschrank. Wohin muss Franz zuerst gehen?

a) Küche b) Haus c) Keller
d) Kühlschrank e) Tasche

14 Das rote Buch ist dicker als das grüne; es ist auch dicker als das graue; das grüne Buch ist dünner als das graue Buch. Welches Buch hat die mittlere Dicke?

15 Zwei Würfel liegen auf dem Tisch. Einer ist weiß, der andere grün; einer ist aus Holz, der andere aus Plastik. Der grüne Würfel ist nicht aus Plastik. Welche Farbe hat der hölzerne Würfel?

16 Drei Koffer stehen nebeneinander; ein grauer, ein brauner und ein schwarzer. Der schwarze ist leichter als der graue und auch leichter als der braune Koffer. Welcher Koffer ist am schwersten?

17 Von vier Männern haben zwei denselben Vornamen und auch den gleichen Beruf. Franz Glaser ist Maler, Karl Schlosser ist Werftarbeiter, Otto Schlosser ist Tischler. Was ist Franz Bauer von Beruf?

18 Dünne Lange wiegen mehr als dünne Kurze; dicke Lange sind leichter als dicke Kurze; dicke Lange sind schwerer als dünne Lange. Wer ist am leichtesten?

19 Beantworten Sie bitte mit Hilfe der 15 folgenden Aussagen die zwei Fragen am Ende dieser Aufgabe!

1. Es gibt fünf Häuser.
2. Der Engländer wohnt im roten Haus.

3. Der Spanier besitzt einen Hund.
4. Kaffee wird im grünen Haus getrunken.
5. Der Italiener trinkt Tee.
6. Das grüne Haus steht rechts neben dem braunen Haus.
7. Der Mann, der Ernte raucht, besitzt Schnecken.
8. Menthol-Zigaretten werden im gelben Haus geraucht.
9. Milch wird im mittleren Haus getrunken.
10. Der Norweger lebt im ersten Haus.
11. Der HB-Raucher lebt im Haus neben dem Mann mit dem Fuchs.
12. Menthol-Zigaretten werden geraucht im Haus, das neben dem Haus mit dem Pferd steht.
13. Der Roth-Händle-Raucher trinkt Orangensaft.
14. Der Japaner raucht West-Zigaretten.
15. Der Norweger lebt im Haus neben dem blauen Haus.

Fragen: A) Wer trinkt Wasser?
B) Wem gehört das Zebra?

Häuser	*1*	*2*	*3*	*4*	*5*
Nationalität					
Farbe					
Zigaretten					
Getränke					
Tiere					

20 Ein Zug fährt von einer Großstadt zu einer anderen und hält dazwischen an sieben Bahnhöfen. Er startet um 14:00 Uhr und erreicht den Zielbahnhof um 22:00 Uhr. Acht unterschiedliche Personen steigen unterwegs ein. Einige Personen steigen auch aus. Der Schaffner versucht zu rekapitulieren, wer wo und wann ein- bzw. ausgestiegen ist.
Folgende Fakten sind bekannt. Vervollständigen Sie das nachfolgende Schema und beantworten Sie die beiden Fragen!

1. Eine Rentnerin steigt um 14:00 Uhr ein, fährt in dem 2.-Klasse-Abteil und steigt nach eineinhalb Stunden wieder aus.
2. Um 17:20 Uhr steigt eine Person dazu, die sich in das 1.-Klasse-Abteil setzt.
3. Eine Professorin fährt zweiter Klasse und steigt noch vor einer Managerin in den Zug.
4. Ein Student sitzt nicht im Speisewagen.
5. Eine Managerin steigt vier Stunden später in den Zug als der Vertreter und sitzt nicht erster Klasse.
6. Ein Rechtsanwalt sitzt nicht in der 2. Klasse und ist nicht die Person, die zwei Stunden, nachdem ein Ingenieur zugestiegen ist, in den Wagen steigt.
7. Ein Lehrer steigt um 18:40 Uhr dazu, sitzt aber nicht in der zweiten Klasse.
8. Fünf der hier aufgeführten Personen fahren zweiter Klasse, zwei erster Klasse.
9. Um 21:05 Uhr steigt eine Person an der letzten Station vor dem Zielbahnhof in den 2.-Klasse-Wagen.
10. Ein Vertreter steigt zwei Stationen, nachdem eine Rentnerin eingestiegen ist, in die 2. Klasse.
11. Der Zug hält an der ersten Station um 14:15 Uhr, wo ein Ingenieur in die 2. Klasse einsteigt.

Fragen: A) Wer sitzt im Speisewagen?
B) Um wie viel Uhr steigt der Rechtsanwalt dazu?

	Zeit:	**Beruf:**	**Klasse:**
Start			
1. Station			
2. Station			
3. Station			
4. Station			
5. Station			
6. Station			
7. Station			
Ziel			

Lösungen siehe Seite 236

Rechnen und Logik

1. Strecke A ist 2 m länger als Strecke B, die Strecke C ist 1 m kürzer als Strecke B, die Strecke D 3 m länger als Strecke C. Welche Strecken sind gleich lang?
2. Strecke X ist kürzer als Strecke Z; Strecke Y ist länger als Strecke X. Die Strecken X und Y sind zusammen genauso lang wie die Strecke Z. Wie lang ist die Strecke Y?
   a) die Hälfte von Z
   b) unbestimmbar
   c) zweimal so lang wie X
   d) solche Längenverhältnisse sind unmöglich
   e) zwei Drittel der Länge von Z
3. Die Busse der Linie D 16 starten vom König City in Bottrop und fahren regelmäßig zwischen dieser Kneipe und dem Schnellen Zocker in Essen (24 km) hin und her. Auf der Linie sind elf Busse eingesetzt. Jeder Bus wartet an der End-

station eine Minute und fährt dann wieder zurück. Harry Hirsch, ein Fahrer aus Oberhausen, begann seine Fahrt am König City und fuhr bis zum Schnellen Zocker, wobei er jeden Bus der Linie D 16, den er traf, notierte. Nach seinen Berechnungen traf er alle 1,800 km einen Bus der gleichen Linie, der nach seinen Schätzungen eine Durchschnittsgeschwindigkeit von 22 km/h hatte. Wie viele Busse traf er auf seiner Fahrt?

4 Verbinden Sie die folgenden Kreuze mit vier geraden Linien! Nicht absetzen! Jeder Punkt muss wenigstens einmal berührt werden.

X	X	X
X	X	X
X	X	X

5 Bilden Sie Gleichungen!
Mögliche Rechenzeichen sind: + − * : √ !

1	1	1	= 6	2	2	2	= 6	3	3	3	= 6
4	4	4	= 6	5	5	5	= 6	6	6	6	= 6
7	7	7	= 6	8	8	8	= 6	9	9	9	= 6

6 In einem dunklen Raum (ohne Fenster), der nur durch eine Türe begehbar ist, befindet sich in der Mitte des Raumes eine Glühbirne. Außerhalb des Raumes befinden sich neben der Türe drei Lichtschalter. Wie können Sie feststellen, mit welchem Schalter die Glühbirne angeschaltet werden kann? Sie können die Lichtschalter beliebig oft betätigen. Allerdings dürfen Sie die Türe nur einmal öffnen.

Lösungen siehe Seite 237

Verbale Intelligenz

Sprach-Analogien – Aufgabe 1

a verhält sich zu b wie c zu d (evtl. mehrere Möglichkeiten)!

1	a) Mädchen	b) Junge	c) weiblich	d)...
2	a) Palast	b) Hütte	c) reich	d)...
3	a) Stuhl	b) sitzen	c) Auto	d)...
4	a) Mehl	b) Brot	c) Fleisch	d)...
5	a) hoch	b) tief	c) hell	d)...
6	a) Wasser	b) Eimer	c) Früchte	d)...
7	a) gehen	b) rennen	c) Wind	d)...
8	a) Kirschblüte	b) Apfelbaum	c) Kirschbaum	d)...
9	a) Rollbahn	b) Flugplatz	c) Straße	d)...
10	a) Knochen	b) Skelett	c) Ziegelstein	d)...
11	a) Baum	b) Ast	c) Buch	d)...
12	a) Baum	b) Zweig	c) Oper	d)...
13	a) sparsam	b) geizig	c) vorsichtig	d)...
14	a) Obst	b) Birne	c) Motoren	d)...
15	a) Irrtum	b) Lüge	c) Zufall	d)...
16	a) Datenverarbeitung	b) Programm	c) Zugverkehr	d)...
17	a) Postbote	b) Beamter	c) Mars	d)...
18	a) Punkt	b) Linie	c) Fläche	d)...
19	a) hochmütig	b) selbstbewusst	c) schüchtern	d)...
20	a) etwas	b) alles	c) Sekunde	d)...
21	a) Ofen	b) Wärme	c) Lampe	d)...
22	a) Sperling	b) Vogel	c) Rose	d)...
23	a) Zeit	b) Uhr	c) Wärme	d)...
24	a) Buch	b) Schriftsteller	c) Maschine	d)...
25	a) Haus	b) Zimmer	c) Buch	d)...
26	a) Heer	b) Soldat	c) Verein	d)...

27	a) Wagen	b) Pferd	c) Auto	d)...
28	a) Sparsamkeit	b) Geiz	c) Mut	d)...
29	a) Wunde	b) Messer	c) Bewegung	d)...
30	a) Vertrauen	b) Leichtgläubigkeit	c) Heiterkeit	d)...

Lösungen siehe Seite 238

Sprach-Analogien – Aufgabe 2

Das erste Wort verhält sich zum zweiten,
wie das dritte zu ...

1 *finden : verlieren = erinnern : ...*
a) träumen
b) behalten
c) widerrufen
d) nachdenken
e) vergessen

2 *Briefträger : Geldbriefträger = Schmied : ...*
a) Amboss
b) Eisenhändler
c) Feuer
d) Hufschmied
e) Schmiedeeisen

3 *Beratung : Beschluss = überlegen : ...*
a) abwägen
b) verhandeln
c) entscheiden
d) beurteilen
e) nachdenken

4 *Straßenbahn : Schiene = Omnibus : ...*
a) Räder
b) Achsen
c) Geschwindigkeit
d) Straße
e) Reifen

5 *Sportler : Laufschuhe = Wissenschaftler : ...*
a) Bibliothek
b) Forschung
c) Arbeit
d) Studium
e) Mikroskop

6 *Holz : hobeln = Eisen : ...*
a) biegen
b) hämmern
c) gießen
d) schmieden
e) feilen

7 *Silber : Gold = Fingerring : ...*
a) Rubin b) Platin c) Taschenuhr d) Edelstein e) Armband

8 *Blut : Ader = Wasser : ...*
a) Regen b) Traufe c) Flussbett d) Schleuse e) Hydrant

9 *Treppe : Leiter = Haus : ...*
a) Aufzug b) Hof c) Wendeltreppe d) Zelt e) Zimmer

10 *Gebirge : Pass = Fluss : ...*
a) Steg b) Brücke c) Furt d) Fähre e) Boot

11 *Blumen : Vase = Vogel : ...*
a) Nest b) Luft c) Hecke d) Baum e) Käfig

12 *Nahrung : Gewürz = Vortrag : ...*
a) Rede
b) Humor
c) Beleidigung
d) Ansprache
e) Gliederung

13 *Zunge : sauer = Nase : ...*
a) riechen b) atmen c) schmecken d) brenzlig e) salzig

14 *Mantel : Rock = Wolle : ...*
a) Stoff b) Schaf c) Seide d) Pullover e) Textilien

15 *Blindheit : Farbe = Taubheit : ...*
a) Gehör b) Hören c) Ton d) Worte e) Ohr
Lösungen siehe Seite 239

Synonyme finden
Ermitteln Sie das Wort, das dem ersten (a) in der Reihe am ähnlichsten ist.

1 a) schnell b) weiter c) heftig
d) geschwind e) kräftig f) vorwärts

2 a) anfangen b) beginnen c) lernen
d) weitermachen e) wiederholen f) aufsteigen

3 a) Finsternis b) Kälte c) Dunkelheit
d) Winter e) Dämmerung f) Abend

4 a) verstecken b) fliehen c) täuschen
d) verstellen e) verbergen f) leugnen

5 a) rau b) heftig c) grob
d) boshaft e) schlimm f) kräftig

6 a) vernünftig b) sorgfältig c) deutlich
d) aufmerksam e) willig f) verständig

7 a) schimpfen b) loben c) strafen
d) schelten e) schlagen f) belohnen

8 a) verstehen b) beweisen c) überzeugen
d) erklären e) zeigen f) begreifen

9 a) mächtig b) heftig c) gewaltig
d) herrlich e) roh f) gewaltsam

10 a) Mut b) Stärke c) Stolz
d) Fleiß e) Kraft f) Tapferkeit

Lösungen siehe Seite 239

Antonyme finden

In jeder Zeile stehen fünf Begriffe. Zwei von ihnen drücken genau das Gegenteil voneinander aus. Welche Begriffe?

1 a) abfahren b) aufpassen c) anliegen
d) anmelden e) abstehen

2 a) Verfall b) Wiederaufbau c) Wiedersehen
d) Verdienst e) Verstärkung

3 a) Gerüst b) Begehren c) Abscheu
d) Begleitung e) Reifung

4 a) geordnet	b) ungenau	c) unnütz
d) konkret	e) unlogisch	
5 a) machbar	b) unaufgefordert	c) unausführbar
d) mächtig	e) unnahbar	
6 a) erforderlich	b) auf keinen Fall	c) bedeutend
d) unnötig	e) erneut	
7 a) real	b) politisch	c) pflichtgemäß
d) überlegen	e) fantastisch	
8 a) Ort	b) Weite	c) Sicht
d) Beengtheit	e) Umrahmung	
9 a) allmählich	b) alltäglich	c) allseits
d) schlagartig	e) geschlossen	
10 a) gesondert	b) mannigfaltig	c) gleichartig
d) abartig	e) widersinnig	
11 a) anonym	b) anormal	c) bewandert
d) benannt	e) angenehm	
12 a) ausstellen	b) vertagen	c) verzeihen
d) erlangen	e) erledigen	
13 a) gesund	b) heimlich	c) erholt
d) erschwert	e) erschöpft	
14 a) wirklich	b) sagenhaft	c) teilnahmslos
d) unbefugt	e) unabsehbar	
15 a) heftig	b) richtig	c) genau
d) schwach	e) flach	
16 a) Unrast	b) Reiselust	c) Heiterkeit
d) Menschlichkeit	e) Trübsal	
17 a) Existenz	b) Exzellenz	c) Macht
d) Rückgang	e) Nichtsein	
18 a) Sparsamkeit	b) Ungenauigkeit	c) Exaktheit
d) Umständlichkeit	e) Verlegenheit	
19 a) Schwur	b) Ausrede	c) Anrede
d) Geständnis	e) Verleumdung	

20 a) verstärken	b) bestellen	c) bebauen
d) beschädigen	e) renovieren	
21 a) darüber	b) ringsum	c) versperrt
d) inmitten	e) mittellos	
22 a) sonderbar	b) haltbar	c) zuverlässig
d) ungenügend	e) gewöhnlich	
23 a) einfältig	b) eingebildet	c) schlau
d) geschickt	e) ausgefallen	
24 a) Absprache	b) Mundart	c) Fremdsprache
d) Kunstsprache	e) Hochsprache	
25 a) Leichtsinn	b) Ansicht	c) Bedacht
d) Versehen	e) Frohsinn	
26 a) ablaufen	b) verteuern	c) abgeben
d) verbergen	e) preisgeben	
27 a) Verschärfung	b) Milde	c) Lockerung
d) Aufhellung	e) Vergütung	
28 a) aufhalten	b) erledigen	c) stocken
d) vorantreiben	e) aufnehmen	
29 a) Abzeichnung	b) Einwilligung	c) Ausschlagung
d) Zuneigung	e) Unterstützung	
30 a) schnell	b) wichtig	c) gewaltig
d) langsam	e) enorm	
31 a) falsch	b) verändern	c) korrigieren
d) richtig	e) erneuern	
32 a) erweitern	b) gewinnen	c) ergänzen
d) benutzen	e) verlieren	
33 a) Aroma	b) Werbung	c) Gestank
d) Wildschwein	e) Huhn	
34 a) exakt	b) wichtig	c) wirklich
d) ungenau	e) laufen	
35 a) billig	b) günstig	c) reduziert
d) teuer	e) gesenkt	

36 a) angleichen b) reduzieren c) anpassen
d) erhöhen e) erlösen

37 a) schlagfertig b) sparsam c) klug
d) schnell e) großzügig

38 a) ernst b) klug c) intelligent
d) witzig e) vorlaut

39 a) vornehm b) charmant c) hübsch
d) auffallend e) hässlich

40 a) schillernd b) uni c) glänzend
d) braun e) bunt

Lösungen siehe Seite 239

Gemeinsame Eigenschaften erkennen

Ein Wort gehört nicht dazu!

1 a) klopfen b) essen c) nähen d) sägen e) hämmern

2 a) Scheidung b) Abschied c) Pass d) Grenze e) Trennung

3 a) wellig b) rau c) holprig d) glatt e) eben

4 a) hobeln b) bohren c) schleifen d) polieren e) bügeln

5 a) Kompass
b) Uhr
c) Wegweiser
d) Polarstern
e) Kurs

6 a) Filter b) Gardine c) Schirm d) Gitter e) Netz

7 a) Haus b) Iglu c) Villa d) Kaufhaus e) Hütte

8 a) Hering b) Wal c) Hai d) Steinbutt e) Kabeljau

9 a) Jupiter b) Hermes c) Mars d) Neptun e) Merkur

10 a) Rembrandt b) Shakespeare
c) Tintoretto d) Raffael
e) Monet

11 a) Fliege b) Pinguin c) Ente d) Fledermaus e) Star

12 a) Dhau b) Frachter c) Rikscha d) Brigg e) Dschunke

13 a) Geige b) Posaune c) Klarinette d) Horn e) Saxophon

14 a) Omnibus
b) Straßenbahn
c) Motorrad
d) Fahrrad
e) Eisenbahn

15 a) binden b) fügen c) lösen d) knoten e) kleben

16 a) Berlin b) Kairo c) New York d) London e) Paris

17 a) ROFD
b) DERESCEM
c) PRESCHO
d) NOBIEG
e) LEPO

18 a) Blair b) Reagan c) Clinton d) Bush e) Carter

19 a) München
b) Wiesbaden
c) Schwerin
d) Köln
e) Dresden

20 a) Portugal
b) Kolumbien
c) Argentinien
d) Brasilien
e) Chile

21 a) Ausdehnung
b) Größe
c) Umfang
d) Dauer
e) Inhalt

22 a) Richtung b) Osten c) Fahrt d) Kurs e) Süden

23 a) fliegen b) laufen c) segeln d) fahren e) reiten

24 a) Kreis b) Pfeil c) Ellipse d) Bogen e) Kurve

25 a) oval b) lang c) spitz d) rund e) eckig

26 a) Löwe b) Fuchs c) Giraffe d) Hering e) Hund

27 a) Fuhrwerk
b) Auto
c) Omnibus
d) Lastwagen
e) Schlitten

28 a) Ameise b) Spinne c) Biene d) Motte e) Mücke

29 a) Chamisso
b) Körner
c) Eichendorff
d) Stresemann
e) Gryphius

30 a) Shanghai b) New Orleans c) Kairo d) London e) Osaka

31 a) Hering b) Delphin c) Rochen d) Seezunge e) Scholle

32 a) Alexander
b) Napoleon
c) Wellington
d) Nelson
e) Hannibal

33 a) Mozart
b) Bach
c) Sokrates
d) Händel
e) Beethoven

34 a) Oslo b) Kairo c)Madrid d) Rio de Janeiro e) Bombay

35 a) Quadrat b) Würfel c) Dreieck d) Rechteck e) Raute

Lösungen siehe Seite 239

Stammwörter einsetzen

Setzen Sie ein Wort (a) ein, das – entsprechend gebeugt – vor jedes der anderen Wörter (b–e) gesetzt werden kann.

1	a)	b) ...hülse	c) ...gewalt	d) ...meldung	e) ...fetzen
2	a)	b) ...haus	c) ...schlag	d) ...geber	e) ...keller
3	a)	b) ...zeit	c) ...flug	d) ...alarm	e) ...aufnahme
4	a)	b) ...hochzeit	c) ...rennen	d) ...haut	e) ...rüssel
5	a)	b) ...kind	c) ...spiel	d) ...käfer	e) ...zahl
6	a)	b) ...farbe	c) ...knopf	d) ...messer	e) ...luft
7	a)	b) ...wesen	c) ...direktor	d) ...räuber	e) ...nachbar
8	a)	b) ...fahndung	c) ...tausch	d) ...kampf	e) ...finger
9	a)	b) ...lohn	c) ...streik	d) ...leider	e) ...turm
10	a)	b) ...name	c) ...zuwachs	d) ...stand	e) ...betrieb
11	a)	b) ...geschrei	c) ...paar	d) ...jahr	e) ...fest
12	a)	b) ...staub	c) ...bohrer	d) ...schmuck	e) ...nadel
13	a)	b) ...trommel	c) ...anschluss	d) ...netz	e) ...salat
14	a)	b) ...führer	c) ...luft	d) ...unglück	e) ...pferd
15	a)	b) ...uhr	c) ...kissen	d) ...farbe	e) ...geld
16	a)	b) ...zeichen	c) ...raum	d) ...stand	e) ...brot
17	a)	b) ...bar	c) ...tarif	d) ...dienst	e) ...mensch
18	a)	b) ...geschirr	c) ...salz	d) ...beutel	e) ...fett
19	a)	b) ...tag	c) ...gast	d) ...mann	e) ...titel
20	a)	b) ...haus	c) ...gruppe	d) ...wolle	e) ...grenze

Lösungen siehe Seite 240

Satzergänzungen

Bitte ermitteln Sie den entsprechenden Begriff (Buchstaben)!

1. *Der (Das) ... gehört nicht zum Wetter*
   a) Orkan b) Gewitter c) Hagel d) Erdbeben e) Nebel

2 *Das Gegenteil von sparsam ist ...*
a) billig b) geizig c) großzügig d) wertvoll e) reich

3 *Das Gegenteil von niemals ist ...*
a) oft b) manchmal c) gelegentlich d) häufig e) immer

4 *Ein Schuh hat immer ...*
a) Leder b) Sohle c) Schnürsenkel d) Schnalle e) Kappe

5 *Das Gegenteil von Treue ist ...*
a) Liebe b) Hass c) Freundschaft d) Verrat e) Feindschaft

6 *Der Einfluss eines Menschen auf die Mitmenschen sollte von ... abhängen*
a) Macht
b) Überredungskraft
c) Besitz
d) Ansehen
e) Klugheit

7 *Zum Wettkampf gehört immer ...*
a) Beifall
b) Zuschauer
c) Schiedsrichter
d) Sieg
e) Gegenpartei

8 *Ein Mensch, der dem Fortschritt skeptisch gegenübersteht ist ...*
a) radikal
b) liberal
c) demokratisch

→

d) anarchistisch
e) konservativ

9 *Ein Onkel ist ... älter als sein Neffe*
a) selten b) meistens c) immer d) niemals e) manchmal

10 *Ein Pferd hat immer ...*
a) Stall b) Hufeisen c) Geschirr d) Hufe e) Mähne

11 *Ein (Eine) ... gehört nicht zur Unfallverhütung*
a) Stopplicht
b) Schutzbrille
c) Verbandskasten
d) Warnzeichen
e) Bahnschranke

12 *Von folgenden Städten ... liegt am weitesten südlich*
a) Berlin
b) Magdeburg
c) Braunschweig
d) Hannover
e) Münster

13 *Väter sind ... erfahrener als ihre Söhne*
a) immer b) selten c) grundsätzlich d) gewöhnlich e) viel

14 *Den größten Kalorienwert hat ...*
a) Fisch b) Fleisch c) Fett d) Käse e) Gemüse

15 *Wenn man den prozentualen Anteil der Nieten bei einer Lotterie kennt, kann man die ... berechnen*
a) Höhe der Gewinne
b) Anzahl der Teilnehmer
c) Anzahl der Gewinne
d) Lotteriesteuer
e) Gewinnchancen

16 *Eine noch nicht gesicherte Aussage bezeichnet man als ...*
a) paradox
b) verfrüht
c) hypothetisch
d) zweideutig
e) irrig

17 *Um tiefe Töne zu erzeugen benötigt man viel ...*
a) Gefühl b) Kraft c) Schwung d) Gewicht e) Stimme
Lösungen siehe Seite 240

Sprichwörter zuordnen

Von den zwanzig Sprichwörtern sind zehn nummeriert, zehn mit Buchstaben versehen. Je eines der nummerierten Sprichwörter hat einen ähnlichen Sinn wie eines der mit Buchstaben gekennzeichneten. Ordnen Sie den Zahlen den jeweiligen Buchstaben zu.

1 Keine Rose ohne Dornen
2 Je fetter der Floh, desto magerer der Hund
3 Man muss das Eisen schmieden, solange es heiß ist
4 Was Hänschen nicht lernt, lernt Hans nimmermehr
5 Prüfe zuerst, dann sprich und handle
6 Das Kleid macht nicht den Mann

7. Gemahlen Korn gibt keine Ernte
8. Wenn die Herren vom Rathaus kommen, sind sie am klügsten
9. Dem Mutigen gehört die Welt
10. Was du nicht willst, das man dir tu, das füg' auch keinem andern zu

A. Wer in der Jugend nicht sammelt, muss im Alter darben
B. Der Schein trügt
C. Je ärmer der Bauer, desto reicher der Händler
D. Eier in der Pfanne geben Kuchen, aber keine Küken
E. Quäle nie ein Tier zum Scherz, denn es fühlt wie du den Schmerz
F. Frisch gewagt ist halb gewonnen
G. Kein Lohn ohne Arbeit
H. Vorgetan und nachbedacht hat manchem schon viel Leid gebracht
I. Nachher weiß jeder, wie man hätte ausspielen müssen
J. Segle, solange der Wind weht

Lösungen siehe Seite 240

Wörter bilden

Welche Wörter können aus den folgenden Buchstaben gebildet werden? Ergänzen Sie die fehlenden Buchstaben.

1	K	Ü		L	S		H		A		K
2		O	L	L		K	T		N		
3		O	T		L	F	Ü		R		R
4		I	S		R		N				
5		T			B	S		U	G		R
6	P			O		E					
7		E	D		C		T				

8	S	P		E		H	E				
9		U	T	O		A		N		N	
10		R		G		N		L	L		
11		E	R	W		L		U		G	
12		W		L	L		N	G	E		
13	A	L		T			U	M			
14		R	Ü	F		I	N		E		
15		Ü		O	D			N	S	T	
16	K	A		F		R	A				
17	A	N		L	I		Z				
18	R		M			T		K			
19		L	Ü	H		I	R		E		
20		N		N	Y	M		T		T	
21		U			P	E			U	N	
22		R		S			S		P	P	
23		U		B		L		E			
24		I		D	S		H		E		
25		U		O			L		S		
26		E				Ü	G	E			
27		E	S		R	E			E		
28		L	A		K		R	P		R	
29		H	N		N			F		L	
30		O	K		L	S					R

Lösungen siehe Seite 240

Rechenrätsel

Zeichen und Zahlen

1. Welches Zeichen setzen Sie zwischen die Zahlen 5 und 6, damit das Ergebnis größer als 5, aber kleiner als 6 wird?
2. Die Summe 55 ist aus drei Zahlen gebildet worden. Eine davon ist eine Primzahl aus zwei gleichen Ziffern. Die beiden restlichen Summanden sind ungleich, jedoch die zwei größten, die sich unter dieser Bedingung bilden lassen. Wie lauten sie?
3. Die Summe 49 ist aus zwei Zahlen gebildet worden; eine davon ist eine durch 2 teilbare, zweistellige Zahl aus zwei gleichen Ziffern. Wie lautet der fehlende Summand?
4. Schreiben Sie drei Neunen so auf, dass sie den Zahlenwert 11 ergeben, und drei Dreien, dass sie den Zahlenwert vier ergeben.
5. Es ist egal, ob sie von einer Zahl fünf abziehen oder die Zahl durch fünf teilen. Sie erhalten immer das gleiche Ergebnis. Welche Zahl ist es?

Lösungen siehe Seite 241

Strecken, Zeit und Geschwindigkeit

1. Eine Schnecke beschloss, einen Zaun zu erklimmen. Der glatte Zaun war 2,10 m hoch; die fleißige Schnecke schaffte tagsüber 70 cm; nachts rutschte sie immer wieder 40 cm zurück. Wann war sie endlich oben?
2. Ein Jogger sagt: »Ich lege fünf Kilometer und die Hälfte der Gesamtstrecke zurück.« Wie viele Kilometer läuft er?
3. Ein schneller Hund läuft 20 m in der Sekunde. Ein Hase hat 100 m Vorsprung und läuft 15 m in der Sekunde. Wann hat der Hund den Hasen erwischt, wenn dieser keine Haken schlägt?

4 Ein Schiff fährt flussabwärts von Köln nach Düsseldorf mit einer Geschwindigkeit von 36 km/h. Zurück fährt es mit einer Geschwindigkeit von 18 km/h. Wie viel km/h beträgt die Durchschnittsgeschwindigkeit auf dem gesamten Weg?

5 Ein junger Radfahrer besucht seine Verlobte, um ihr einen Blumenstrauß zu schenken. Anschließend kehrt er zu seinem Ausgangspunkt zurück. Auf dem Hinweg kommt er, wegen des Blumenstraußes, auf eine Durchschnittsgeschwindigkeit von nur 17 km/h, die sich aber auf dem Rückweg auf 23 km/h erhöht. Wie schnell ist dieser Radfahrer im Durchschnitt auf der Strecke gefahren?

6 Eine Reisegesellschaft reiste von Köln Richtung Süden. Für die Hinreise brauchen Sie 7 Tage. Für die Rückreise allerdings bei identischen Wetterverhältnissen 5 Tage. Woran liegt das?

7 Ein Omnibus fährt eine 24 km lange Strecke zwischen zwei Orten täglich einmal hin und zurück. Am Montag fährt der Bus die Strecke mit gleich bleibender Geschwindigkeit von 90 km/h. Am Dienstag fährt er auf der Hinfahrt 100 km/h und auf der Rückfahrt 80 km/h. An welchem Tag braucht der Bus länger?

8 Ein reicher Scheich besaß als kostbarstes Besitztum einen sehr wertvollen Diamanten. »Damit nicht nach meinem Tode ein Streit um den Diamanten entsteht«, sprach er zu seinen beiden Söhnen, »will ich ihn jetzt schon an einen von euch vergeben. Ihr sollt um die Wette zu der Oase dort drüben, die ca. 2 km entfernt ist, reiten. Derjenige, dessen Pferd als Letztes dort ankommt, erhält den Diamanten.« Beide holten schnell ihre Pferde und schauten sich ratlos an. Welchen Rat erteilen Sie den zwei Reitern, damit diese in rasendem Galopp zu der Oase reiten?

9 Ein älteres Geschwisterpaar geht täglich spazieren. An einem Tag behauptet eine Schwester, dass ihr linker Fuß vier Kilometer und ihr rechter Fuß 3800 m zurückgelegt hat. Der Gang ist ganz normal. Ist das möglich?

10 Jeden Samstag spiele ich zwischen 15 und 16 Uhr Tennis. Meine Frau holt mich danach immer mit dem Auto um 16:10 Uhr ab. Ich ging wie immer zum Tennisplatz. Mein Tennispartner rief um 15:00 Uhr in der Tennishalle an und sagte, dass er sich in einem Stau befindet. Daher machte ich mich um 15:05 Uhr auf den Weg nach Hause. Nach einer Weile traf ich meine Frau, die mich abholen wollte. Ich stieg in den Wagen, wir fuhren nach Hause und kamen 10 Minuten früher als sonst an. Wie ist das Verhältnis zwischen meiner Geschwindigkeit zu Fuß und der meiner Frau mit dem Auto?

11 Julia hat jeden Montag um 13:00 Uhr Schulschluss. Ihr Vater holt sie immer mit dem Auto ab. An einem Montag ist die Schule früher als gewöhnlich aus. Also macht sich Julia auf den Heimweg und begegnet nach einer Viertelstunde ihrem Vater; dieser lässt sie einsteigen und kehrt um. So kommen sie 10 Minuten früher als sonst nach Hause. Wann hatte Julia Schulschluss?

12 Es sind 16 $^{1}/_{4}$ km vom Waldhaus zur Grafenmühle. Am Mittag eines Tages verließ Marc Fußsohle das Waldhaus um zur Grafenmühle zu wandern, und Sven Speiche verließ die Grafenmühle, um zum Waldhaus zu wandern. Unmittelbar nach der Ankunft bestieg jeder ein Fahrrad und fuhr damit nach Hause. Beide kamen mit dem Glockenschlag sechs daheim an. Fußsohle ist der bessere Fußgänger, aber auf dem Rad ist er nur $^{2}/_{3}$ so schnell wie zu Fuß. Speiche andererseits radelt dreimal so schnell wie er läuft. Wie weit von der Grafenmühle waren beide Radfahrer entfernt, als sie einander auf der Rückfahrt trafen.

13 Es fehlen noch so viele Minuten bis 12 Uhr, wie es vor vierzig Minuten dreimal so viele Minuten nach 9 Uhr war. Wie spät ist es?

Lösungen siehe Seite 241

Eine Frage des Verhältnisses

1 Klaus Pute wird nach der Anzahl seiner Schweine und Gänse gefragt. Er sagt: »Zusammen haben sie 45 Köpfe und 150 Beine.« Um wie viele Tiere handelt es sich?

2 Wenn ein Bürovorsteher dreimal so alt ist wie der Auszubildende und doppelt so alt wie die Sekretärin und alle Personen auf ein Gesamtlebensalter von 88 Jahren zurückblicken können, wie alt ist dann der Bürovorsteher?

3 Zwei Winzer vergleichen ihre Bestände. Winzer Fässchen sagt zu Winzer Mischer: »Da habe ich hier zwei Fässer von zusammen 3410 Liter Wein. Entnehme ich dem einen Fass ein Viertel, dem anderen ein Fünftel seines Inhalts, dann haben beide Fässer gleich viel Inhalt.« Wie viel Liter Wein fassen die Fässer?

4 Der alte Sepp wird nach der Zahl seiner Kinder und Enkelkinder gefragt. »Es sind«, antwortete er, »mindestens 50, aber höchstens 80. Jedes meiner Kinder hat so viele Kinder, wie es Geschwister hat.« Wie viele Kinder und Enkelkinder hat er?

5 Auf einem Ruhrdampfer befinden sich 99 Personen. Es sind doppelt so viele Mädchen wie Jungen und doppelt so viele Erwachsene wie Kinder. Wie viele Jungen sind an Bord?

6 Ein kleiner und ein großer Mann wollten einmal Birnen pflücken. Da die Birnen sehr hoch hingen, kletterte der Kleine dem Großen auf die Schulter. Trotzdem kamen sie nur an einige Birnen. Wie hätten sie mehr Birnen erreichen können?

7 Wie viel Geld habe ich, wenn ich dreimal so viel Geld bei mir hätte, als ich tatsächlich habe, und dann noch 11 Euro, so hätte ich 50 Euro?

8 Ein Fisch wiegt zehn Kilo und die Hälfte seines Gewichts. Wie schwer ist er?

9 Eine Dachpfanne wiegt so viel wie drei viertel Kilo und drei viertel Dachpfannen. Wie viel wiegt eine Dachpfanne?

10 Wenn Sie meine Schwiegermutter fragen, mit wie vielen Katzen sie lebt, antwortet sie: »Mit den vier Fünfteln meiner Katzen plus vier Fünftel Katze.« Wie viele Katzen besitzt sie?

11 »Wie alt bist du, mein Junge?«, wird Sebastian gefragt. »Wenn die Anzahl meiner Lebensjahre um sechzehn größer wäre als ihre doppelte Anzahl, dann wäre ich genauso alt, wie mein Vater gestern geworden ist.« Sie fragen ihn: »Wie alt ist dein Vater denn geworden?« »Vierzig Jahre!«, sagt Sebastian. Wie alt ist der Junge?

Lösungen siehe Seite 242

Praktischer Alltag

1 Jemand hat schwarze und braune Socken (einzeln) im Verhältnis von 3:5 in seiner Schublade. Wie viele Socken muss er herausnehmen, um mit Sicherheit zwei gleichfarbige Socken zu haben?

2 Ein Gärtner hat ein Beet von genau 10 m Länge. Er will zwei Reihen von Bäumchen pflanzen. In der einen Reihe sollen die Bäumchen einen Abstand von je einem Meter und in der anderen von je zwei Meter voneinander haben. Wie viele Bäumchen braucht er für die Meterreihe und wie viele für die Zweimeterreihe, wenn am Anfang und am Ende des Beetes Bäumchen stehen sollen?

3 Ein Draht von 84 cm Länge ist so zu zerschneiden, dass das

eine Stück drei Viertel der Länge des anderen beträgt. Wie lang ist das größere Stück?

4 Sie haben eine Badewanne mit zwei Wasserhähnen. Wenn der Stöpsel den Abfluss sperrt, füllt der eine Wasserhahn die Wanne in 9 Minuten, der andere in 13 Minuten. Wenn die Wanne voll ist, Sie die Wasserhähne zudrehen und den Stöpsel entfernen, leert sich die Wanne in 18 Minuten. Sie haben den Stöpsel verloren, wollen aber trotzdem baden. Wie lange dauert es, bis die Wanne voll ist, wenn Sie beide Wasserhähne aufdrehen?

5 Ich habe die Angewohnheit, die Rolltreppe nach der U-Bahn hinaufzusteigen, während sie läuft; ich steige 20 Stufen selbst hinauf und brauche insgesamt genau 60 Sekunden, während meine Freundin nur 16 Stufen selber steigt und somit 72 Sekunden benötigt. Wenn morgen die Rolltreppe außer Betrieb wäre, wie viele Stufen hätte ich dann hinaufzusteigen?

6 In einer Petroleumlampe ist nur noch so wenig Brennstoff, dass der Docht nicht mehr hineintaucht. Welche andere Flüssigkeit können Sie einfüllen, damit die Lampe wieder brennt?

7 Sie füllen zwei mit Wasser gefüllte Dosen (unterschiedlicher Größe) in einen Eimer. Wie können Sie kurz danach noch erkennen, aus welcher Dose welche Flüssigkeit ist?

8 Ich bin mit meiner Familie in ein kleines, abgelegenes Bergdorf gefahren. Nach drei Wochen meinen wir, dass wir zum Friseur gehen sollten. Im Ort gibt es nur zwei Friseure mit einem eigenen Laden. In den ersten Laden schaue ich herein und stelle fest, dass es dort sehr unordentlich ist. Außerdem bemerke ich, dass der Friseur eine Rasur nötig hätte und sein Haar schlecht geschnitten ist. Der zweite Laden wirkt sehr sauber. Der Friseur ist frisch rasiert und sein

Haarschnitt gefällt mir gut. Warum gehe ich mit meiner Familie zum ersten Laden?

9 Am Morgen erscheint in einem Hutgeschäft Herr Trixer und kauft einen Hut für 80 Euro (Selbstkostenpreis 50 Euro). Er bezahlt mit einem 200-Euro-Schein, den der Kaufmann jedoch nicht wechseln kann. Schnell läuft der Auszubildende in die Apotheke nebenan, um den Schein zu wechseln. Nun bekommt Herr Trixer den Hut und 120 Euro zurück. Danach geht er. Wenig später kommt der Apotheker aufgeregt und sagt, dass der 200-Euro-Schein falsch ist. Seufzend zahlt der Kaufmann dem erregten Apotheker 200 Euro aus. Wie viel Geld hat der Kaufmann bei der Sache eingebüßt?

Lösungen siehe Seite 242

Mathematische Intelligenz

1 Ein Skatspiel wird gemischt. Sie ziehen eine Karte. Die Spielkarte gehört zu der Gruppe der Pik-Karten. Sie halten die Karte fest. Wie groß ist die Wahrscheinlichkeit, dass Sie beim nächsten Ziehen wieder eine Pik-Karte ziehen?

2 Julia und Sebastian würfeln gegeneinander. Sie haben zwei Würfel und werfen diese jeweils einzeln nacheinander. Bei der Gesamtzahl von 7 bekommt Julia und bei 8 Sebastian einen Punkt. Wer erreicht logischerweise die meisten Punkte?

3 Sie besitzen 15 Bücher. Nach dem Umzug räumen Sie die Bücher in das neue Bücherregal ein. Wie lange dauert es, wenn Sie für jede mögliche Umstellung eine Sekunde benötigen?

4 Auf einer Bank sitzen acht Leute. Jede Minute wechseln sie

ihre Plätze, so dass sich jede Minute eine neue Sitzordnung ergibt. Wie lange müssen sie rücken, bis es alle möglichen Sitzordnungen gab?

5 Lars Clever schlägt Ihnen eine Würfelpartie vor. Es wird mit 2 Würfeln gespielt, und die erreichten Augen werden miteinander multipliziert. Das höchste Produkt beträgt 36 und das niedrigste 1. Sie vereinbaren, nur einen Durchgang für zwei Getränke zu spielen. Clever legt vor und erreicht eine 4 und eine 3. Daraufhin sagt er: »Von 36 Möglichkeiten haben 19 ein kleineres Produkt als 12 und nur 13 ein größeres Produkt. Daher würde ich an Ihrer Stelle freiwillig ein Getränk bezahlen.« Was halten Sie von dem Vorschlag?

6 Für ein Schachturnier im Revierpark Vonderort meldeten sich 24 Spieler. Sie wurden in zwei Gruppen aufgeteilt. In jeder Gruppe spielte jeder gegen jeden. Es gab in der Gruppe B 69 Spiele mehr als in der Gruppe A. Lothar Dehen, der in der Gruppe A ungeschlagen blieb, hatte 5 $^1/_2$ Punkte (Gewinn = 1 Punkt, Unentschieden $^1/_2$ Punkt). Wie viele Spiele von ihm verliefen unentschieden?

7 An einer Fußballweltmeisterschaft nehmen in 8 Gruppen jeweils 4 Mannschaften teil.
A) Wie viele Spiele finden in den Gruppen statt, wenn jeder gegen jeden spielt?
Nach den Gruppenspielen kommen die beiden ersten Mannschaften jeder Gruppe weiter. Jetzt geht es im K.-o.-System weiter.
B) Wie viele Spiele finden insgesamt noch statt bzw. wie viele Spiele muss eine Mannschaft noch gewinnen, um Weltmeister zu werden?

8 Der Schachklub »Krumme Dame« will ein Turnier durchführen. Die gemeldeten 12 Teilnehmer müssen jeder gegen jeden spielen. Jeder Spieler, der gewinnt, erhält 20 Euro.

Für ein Remis gibt es 10 Euro. Kann der Kassierer vorher schon das gesamte Preisgeld ausrechnen?

9 Drei Jäger schießen gleichzeitig auf einen Hasen. Von 5 Schüssen erzielt der erste Jäger 3 Treffer, der zweite erreicht eine Trefferquote von 3 zu 10 und der dritte eine von 1 zu 10. Wie hoch ist die Wahrscheinlichkeit, dass mindestens einer der Jäger den Hasen verletzt hat?

10 Wie jeden Sonntag erwarten zwei Eheleute ihre Mütter zum Mittagessen. Leider sind die Beziehungen zwischen den Eheleuten und ihren Schwiegermüttern sehr gespannt; und jeder weiß, dass die Chancen, sich mit seiner Schwiegermutter zu streiten, zwei zu drei stehen und dass dann der Partner aufs Geratewohl Partei ergreift: Einmal streitet er mit seiner eigenen Mutter, das andere Mal gibt es Ehekrach. Wenn die Streitigkeiten zwischen jedem Partner und seiner Schwiegermutter jeweils unabhängig voneinander stattfinden, wie hoch ist dann nach Ihrer Meinung der Anteil der Sonntage, an denen es keinen Ehestreit gibt?

11 Auf ein Inserat bewarben sich 20 Frauen für einen »Messejob«. Sieben sind blond, die anderen sind brünett. Drei werden aufs Geratewohl ausgesucht. Wie hoch ist dann die Wahrscheinlichkeit, wenigstens eine Brünette und wenigstens eine Blonde unter ihnen zu finden?

12 Ich muss mich 10 Minuten vor einem Geschäft aufhalten; ich zögere, die Parkuhr zu benutzen (2 Euro die halbe Stunde). Der Polizist geht seine Runde alle zwei Stunden, und ich riskiere ein Bußgeld von 48 Euro. Daraufhin frage ich den Wirt am Eck, ob er den Polizisten in der letzten Stunde gesehen hat. Aber auf die erhaltene Antwort ist jedes vierte Mal kein Verlass, entweder, weil er irrtümlich meint, ihn gesehen zu haben, oder weil er ihn nicht gesehen hat,

obwohl der Polizist in Wirklichkeit doch vorbeigegangen ist. Was würden Sie dann an meiner Stelle tun (ohne Berücksichtigung jeder Moralregel): die 2 Euro Parkuhr sofort bezahlen, oder sie nicht zu zahlen, wenn der Wirt aussagt, dass der Polizist in der letzten Stunde vorbeigegangen ist?

13 Das gesamte Gymnasium macht einen Wandertag. Die 1008 Schüler wurden in Gruppen aufgeteilt. Jeder der 12 Lehrer übernimmt eine Gruppe, und zwar sollen in jeder Gruppe immer zwei Schüler mehr sein als in der vorhergehenden. Wie viele Schüler wurden der ersten Gruppe zugeteilt?

14 Ein Borkener Eierhändler wurde gefragt, wie viele Eier er verkauft habe. Er antwortete: »Mein erster Kunde sagte: Ich kaufe die Hälfte ihrer Eier und ein halbes Ei. Der zweite und der dritte Kunde sagten das Gleiche. Als ich alle drei bedient hatte, war ich ausverkauft und hatte kein einziges Ei zerbrechen müssen.« Er hatte Glück, dass alle Kunden fast zeitgleich bedient wurden. Wie viele Eier hat er verkauft?

15 Großvater kaufte so viele Raketen, wie er Jahre alt war, um seinen Geburtstag zu feiern. Die Hälfte der Raketen wurde nass, die Kinder borgten sich ein Drittel der Raketen für eine private Feier, und bei 21 Raketen fehlte der Stab. »Macht nichts«, sagte Großvater, »das bedeutet gerade, dass eine Rakete anstelle eines Jahres nun zehn Jahre zählen wird.« Wann wird der Großvater 100 Jahre?

16 Dieters Vater ist sechsmal so alt wie er. Vater, Mutter und Dieter sind zusammen 70 Jahre alt. Wenn Dieter halb so alt ist wie sein Vater, ist die Summe ihrer drei Alter genau doppelt so hoch, wie jetzt. Wie alt sind die Eltern und Dieter jetzt?

17. Bei einem Stamm von Eingeborenen stellt ein Ethnologe fest, dass 25% der Personen mit 40 Jahren, 50% mit 50 Jahren und 25% mit 60 Jahren sterben. Anschließend sucht er sich zwei Personen heraus, die er besonders ausführlich studieren will. Wie hoch ist die Lebenserwartung von dem, der am längsten leben will?
18. Angenommen, dass auf 250 Geburten ein Zwillingspaar kommt und dass es sich in drei Fällen einmal um eineiige Zwillinge handelt. Wie hoch ist dann die Wahrscheinlichkeit, dass eine schwangere Frau ein Zwillingspaar, Junge und Mädchen, erwartet?

Lösungen siehe Seite 243

Zahlen- und Buchstabenquadrate

Lösen Sie diese Aufgaben innerhalb 50 Minuten.

Magisches Quadrat 1

In den Feldern der Figur sind die Zahlen von 1 bis 12 vorgegeben. Im Feld D3 soll keine Zahl stehen. Jetzt sind die Zahlen von minus 1 bis minus 12 in die restlichen Felder einzusetzen, so dass die Summe jeder waagrechten Reihe, jeder senkrechten Reihe und jeder der beiden Diagonalen null beträgt.

	1	2	3	4	5
A	11				7
B			1	4	3
C	8	6		9	
D		10		2	
E			12		5

Magisches Quadrat 2

In die Felder der Figur sind die Zahlen von 1 bis 25 einzutragen (einige Zahlen sind schon vorgegeben). Im Feld D3 soll eine ungerade Zahl stehen. Bei richtiger Lösung ergeben jede waagrechte Reihe, jede senkrechte Reihe und jede der beiden großen Diagonalen zusammengezählt 65.

	1	2	3	4	5
A	25				2
B					
C					15
D				4	
E	14	3		13	

Magisches Quadrat 3

Bei richtigem Eintragen der Zahlen von 1 bis 25 beträgt die Summe jeder Zeile, jeder Spalte und jeder der beiden Diagonalen 65.

	1	2	3	4	5
A	17				21
B		11		18	
C		20			
D				25	9
E	15		16	2	

Magisches Quadrat 4

Bei richtigem Eintragen der Zahlen von 1 bis 16 (einige Zahlen sind schon vorgegeben) beträgt die Summe jeder Zeile, jeder Spalte und jeder der beiden Diagonalen 34.

	1	**2**	**3**	**4**
A	4			9
B				
C	1	7		
D			2	

Magisches Quadrat 5

Bei richtigem Eintragen der Zahlen von 1 bis 25 beträgt die Summe jeder Zeile, jeder Spalte und jeder der beiden Diagonalen 65.

	1	**2**	**3**	**4**	**5**
A		13	5		24
B		9			
C			11	4	
D	14	17			
E				12	18

Magisches Quadrat 6

Bei richtigem Eintragen der Zahlen von 1 bis 25 beträgt die Summe jeder Zeile, jeder Spalte und jeder der beiden Diagonalen 65.

	1	2	3	4	5
A		16			
B		4		11	19
C			20		1
D			3		
E	2				20

Magisches Produkt

Ähnlich wie beim magischen Quadrat gilt es, in die Kästchen des abgebildeten Schemas ganze Zahlen (also keine Brüche) einzutragen.

Die folgenden Bedingungen gelten:

Alle neun Zahlen müssen voneinander verschieden sein. Werden die drei Zahlen einer Reihe oder einer Spalte oder einer Diagonalen miteinander multipliziert, dann soll sich jedes Mal das gleiche Produkt ergeben; es wird das »Magische Produkt« dieses Quadrats genannt und soll nicht größer als 400 sein. Eine der Zahlen, die größte, ist vorgegeben; die zweitgrößte soll rechts unten stehen.

	36	

Buchstabenquadrat 1

In jeder Zeile, jeder Spalte und jeder der beiden Diagonalen müssen einmal die sieben Buchstaben des Wortes JUPITER vorkommen.

	U	T				
U					I	
		R		P		
					U	
		U				J
	R				J	P
		E		T		

Buchstabenquadrat 2

Die Buchstaben A bis E sollen in das folgende Rechteck so eingetragen werden, dass keine zwei gleichen Buchstaben waagrecht, senkrecht oder diagonal aufeinander folgen. Vier Buchstaben sind bereits eingetragen.

		C		
A	D			
				B

Lösungen siehe Seite 243

Merk- und Konzentrationsfähigkeit

Begriffe einprägen – Aufgabe 1

Bitte prägen Sie sich die folgenden Begriffe ein! Sie haben 6 Minuten Zeit!

Im Anhang finden Sie auf Seite 247 ein leere Tabelle, in die Sie die gelernten Begriffe dann eintragen sollen. Versuchen Sie, nach Möglichkeit jeweils ein Wort in den Zeilen 1–23 einzusetzen.

Optimal wäre es, alle Reihen und Spalten vollständig auszufüllen.

	A	B	C
1	Mädchen	Junge	weiblich
2	Palast	Hütte	reich
3	Stuhl	sitzen	Auto
4	Mehl	Brot	Fleisch
5	hoch	tief	hell
6	Wasser	Eimer	Früchte
7	gehen	rennen	Wind
8	Kirschblüte	Apfelbaum	Kirschbaum
9	Rollbahn	Flugplatz	Straße
10	Knochen	Skelett	Ziegelstein
11	Baum	Ast	Buch
12	Baum	Zweig	Oper

13	sparsam	geizig	vorsichtig
14	Obst	Birne	Motoren
15	Irrtum	Lüge	Zufall
16	Datenverarbeitung	Programm	Zugverkehr
17	Postbote	Beamter	Mars
18	Punkt	Linie	Fläche
19	hochmütig	selbstbewusst	schüchtern
20	etwas	alles	Sekunde
21	Ofen	Wärme	Lampe
22	Sperling	Vogel	Rose
23	Zeit	Uhr	Wärme

Begriffe merken – Aufgabe 2

Auch hier müssen Sie sich wieder Begriffe einprägen und diese einsetzen, nun jedoch in schwierigerer Variante.

Sie haben diesmal 5 Minuten Zeit, um die Wörter zu lernen! Eine leere Tabelle finden Sie wieder im Anhang auf Seite 248.

	A	B	C	D	E
1	Wind	Gewitter	Hagel	Erdbeben	Nebel
2	billig	geizig	großzügig	wertvoll	Reich
3	oft	manchmal	gelegentlich	häufig	immer
4	Leder	Sohle	Schnürsenkel	Schnalle	Kappe
5	Liebe	Hass	Freundschaft	Verrat	Feindschaft
6	Macht	Überredungs-kraft	Besitz	Ansehen	Klugheit
7	Beifall	Zuschauer	Schieds-richter	Sieg	Gegen-partei
8	radikal	liberal	demo-kratisch	anarchis-tisch	konser-vativ
9	selten	meistens	immer	niemals	manchmal
10	Stall	Hufeisen	Geschirr	Hufe	Mähne
11	Stopp-licht	Schutz-brille	Verbands-kasten	Warn-zeichen	Bahn-schranke
12	Berlin	Magdeburg	Braun-schweig	Hannover	Münster
13	immer	selten	grund-sätzlich	gewöhnlich	viel
14	Fisch	Fleisch	Fett	Käse	Gemüse
15	paradox	verfrüht	hypothetisch	zweideutig	irrig
16	Gefühl	Kraft	Schwung	Gewicht	Stimme
17	Auszubil-dender	Ausbilder	Gewerk-schaft	Arbeit-geber	Ausbil-dender

Sprachanalogien

Das erste Wort verhält sich zum zweiten, wie das dritte zu a–e. Prägen Sie sich das Lösungswort ein, und ordnen Sie es in der Tabelle auf Seite 249 entsprechend zu!

Sie haben 3 Minuten Zeit!

		A	B	C	D	E
1	finden : verlieren = erinnern :	träumen	behalten	widerrufen	nachdenken	vergessen
2	Briefträger : Geldbriefträger = Schmied :	Amboss	Eisenhändler	Feuer	Hufschmied	Schmiedeeisen
3	Beratung : Beschluss = überlegen :	abwägen	ver handeln	entscheiden	beurteilen	nachdenken
4	Straßenbahn : Schiene = Omnibus :	Räder	Achsen	Geschwindigkeit	Straße	Reifen
5	Sportler : Laufschuhe = Wissenschaftler:	Bibliothek	Forschung	Arbeit	Studium	Mikroskop
6	Holz : hobeln = Eisen :	biegen	hämmern	gießen	schmieden	feilen
7	Silber : Gold = Fingerring :	Rubin	Platin	Taschenuhr	Edelstein	Armband
8	Blut : Ader = Wasser :	Regen	Traufe	Flussbett	Schleuse	Hydrant
9	Treppe : Leiter = Haus :	Aufzug	Hof	Wendeltreppe	Zelt	Zimmer
10	Gebirge : Pass = Fluss :	Steg	Brücke	Furt	Fähre	Boot
11	Blumen : Vase = Vogel :	Nest	Luft	Hecke	Baum	Käfig
12	Nahrung : Gewürz = Vortrag :	Rede	Humor	Beleidigung	Ansprache	Gliederung
13	Zunge : sauer = Nase :	riechen	atmen	schmecken	brenzlig	salzig
14	Mantel : Rock = Wolle :	Stoff	Schaf	Seide	Pullover	Textilien
15	Blindheit : Farbe = Taubheit :	Gehör	Hören	Ton	Worte	Ohr

Synonyme zuordnen

Ermitteln Sie das Wort, das dem ersten (A) in der Reihe am ähnlichsten ist. Tragen Sie die Lösungswörter dann in die Tabelle auf Seite 250 ein. Achten Sie dabei auf die korrekte senkrechte Zuordnung.

Sie haben 3 Minuten Zeit!

	A	B	C	D	E	F
1	schnell	weiter	heftig	geschwind	kräftig	vorwärts
2	anfangen	beginnen	lernen	weiter-machen	wieder-holen	auf-steigen
3	Finsternis	Kälte	Dunkelheit	Winter	Dämmerung	Abend
4	verstecken	fliehen	täuschen	verstellen	verbergen	leugnen
5	rau	heftig	grob	boshaft	schlimm	kräftig
6	ver-nünftig	sorg-fältig	deutlich	aufmerk-sam	willig	ver-ständig
7	schimpfen	loben	strafen	schelten	schlagen	belohnen
8	verstehen	beweisen	über-zeugen	erklären	zeigen	begreifen
9	mächtig	heftig	gewaltig	herrlich	roh	gewaltsam
10	Mut	Stärke	Stolz	Fleiß	Kraft	Tapferkeit

Räumliches Vorstellungsvermögen

Handelt es sich bei der daneben stehenden Abbildung jeweils um einen der Körper a, b, c oder um keinen der Körper (o)? Zum Lösen der Aufgabe haben Sie 4 Minuten Zeit.

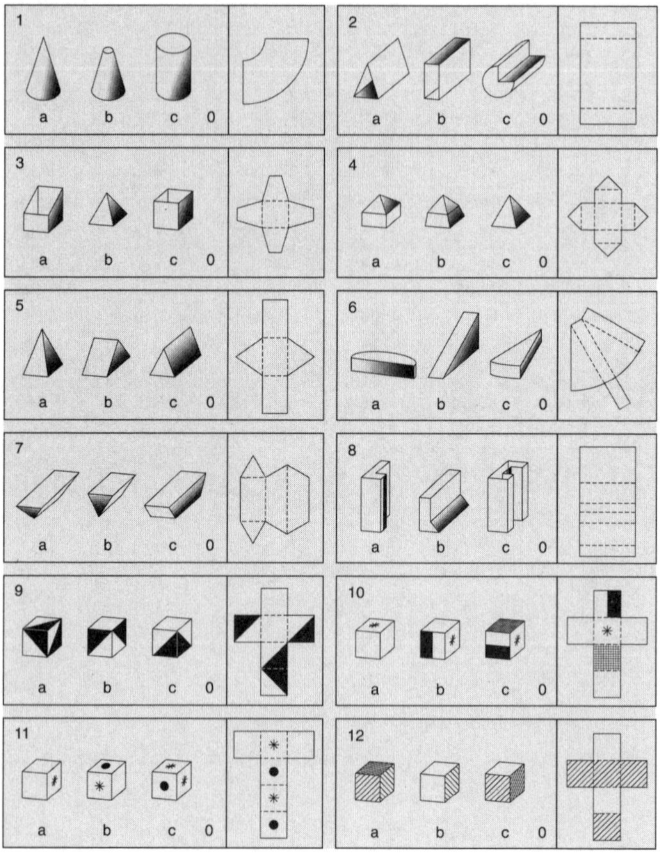

Lösung siehe Seite 250

Technisches Verständnis

Zum Bearbeiten dieser Fragen stehen Ihnen 8 Minuten zur Verfügung.

1 *Eine Tischplatte liegt auf den Gestellen A und B. Auf der Tischplatte steht ein Aktenkoffer. Welches Gestell wird mehr belastet?*

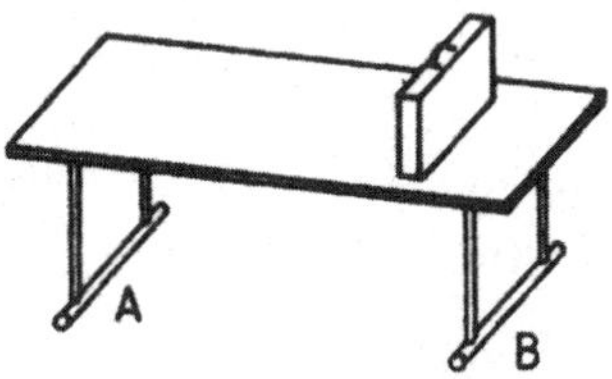

a) das Gestell A
b) das Gestell B
c) beide werden gleich stark belastet

2 *Welcher Schalter muss geschlossen werden, damit der Strom fließen kann?*

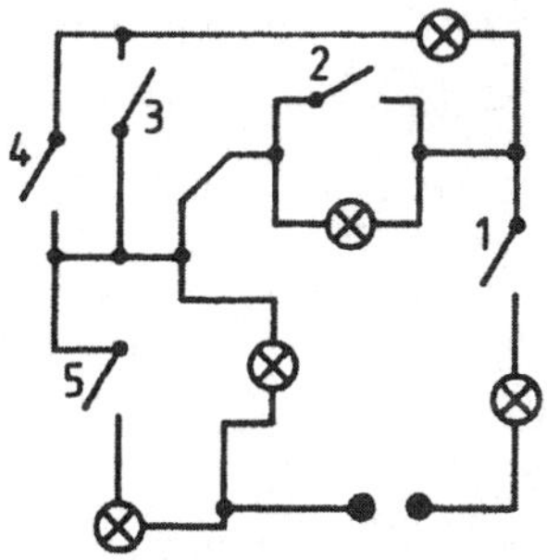

a) Schalter 1
b) Schalter 2
c) Schalter 3
d) Schalter 4
e) Schalter 5

3 Was passiert, wenn sich das Rad A in Richtung 1 dreht?

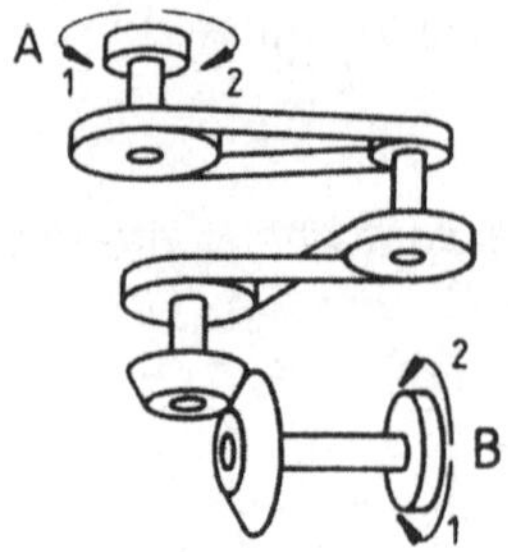

a) Rad B dreht sich in Pfeilrichtung 1
b) Rad B dreht sich in Pfeilrichtung 2
c) Rad B dreht sich überhaupt nicht

4 *Sie sehen 2 Räder, die durch eine Kette miteinander verbunden sind. Welches Rad dreht sich schneller?*

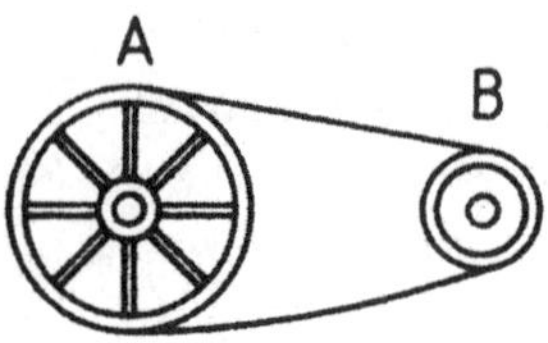

a) Rad A
b) Rad B
c) beide Räder drehen sich gleich schnell

5 *Auf einem Tisch stehen 4 Vasen. Welche Vase steht am festesten auf der Tischplatte?*

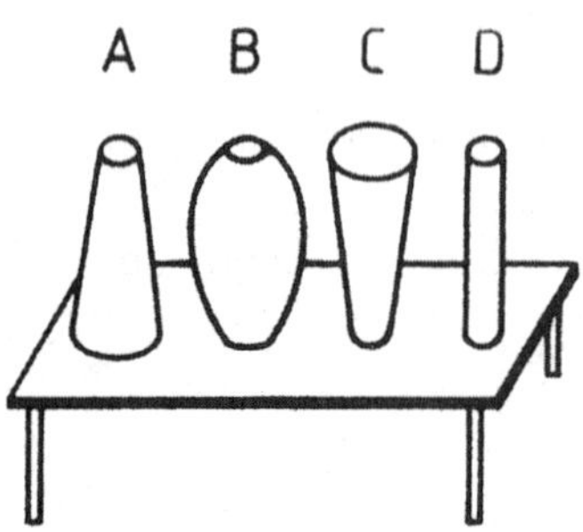

a) Vase A
b) Vase B
c) Vase C
d) Vase D
e) alle Vasen stehen gleich fest

6 *Sie sehen zwei optische Linsen, die aus gleichem Material sind. Welche dieser Linsen hat die kürzeste Brennweite?*

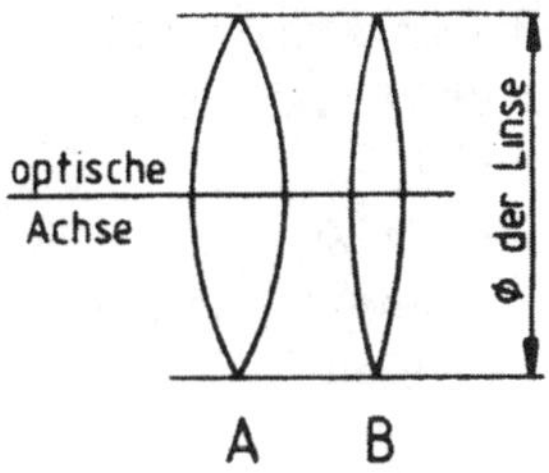

a) Linse A
b) Linse B
c) die Brennweite beider Linsen ist gleich

7 *9 Kugeln sind so aufgehängt, dass sie sich berühren. Was passiert, wenn die 10. Kugel auf die 9. Kugel prallt?*

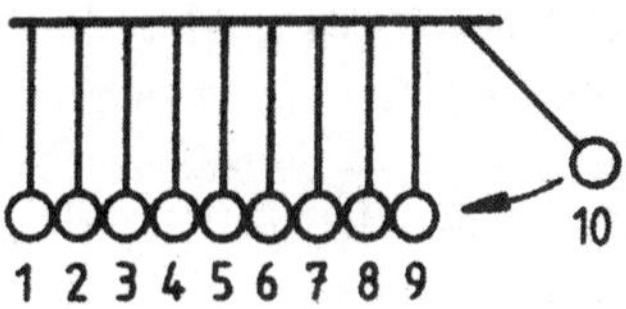

a) 9 Kugeln bewegen sich nicht
b) nur die 1. Kugel bewegt sich nach links
c) alle Kugeln bewegen sich
d) 9 Kugeln bewegen sich nach links

8 *Die Räder A und B haben den gleichen Durchmesser. Wie schnell dreht sich Rad B, wenn Rad A mit einer bestimmten Geschwindigkeit angetrieben wird?*

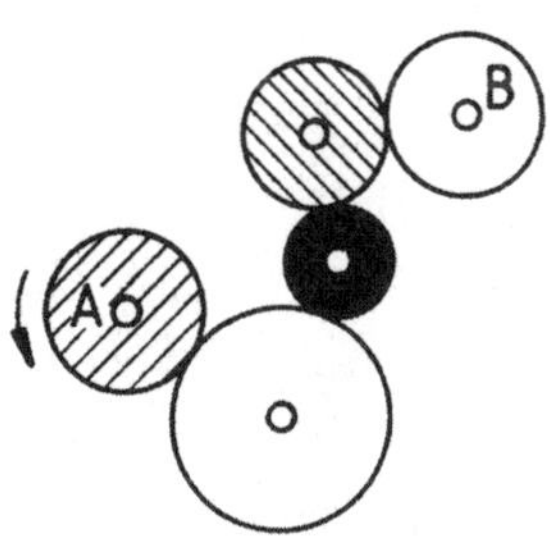

a) genauso schnell wie A
b) viel schneller als A
c) viel langsamer als A
d) Rad B dreht sich überhaupt nicht

9 *Sie sehen drei Stromkreise. Welcher Stromkreis ist geschlossen?*

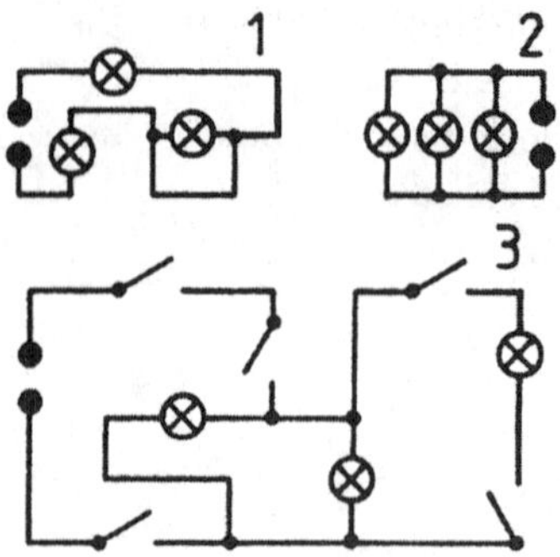

a) nur der 1. Kreis
b) nur der 2. Kreis
c) 1. und 2.
d) nur der 3. Kreis
e) alle 3 Stromkreise sind geschlossen

10 *Von einer Welle angetrieben, dreht sich das oberste Rad in Pfeilrichtung A. In welche Pfeilrichtung drehen sich die Wellen B und C?*

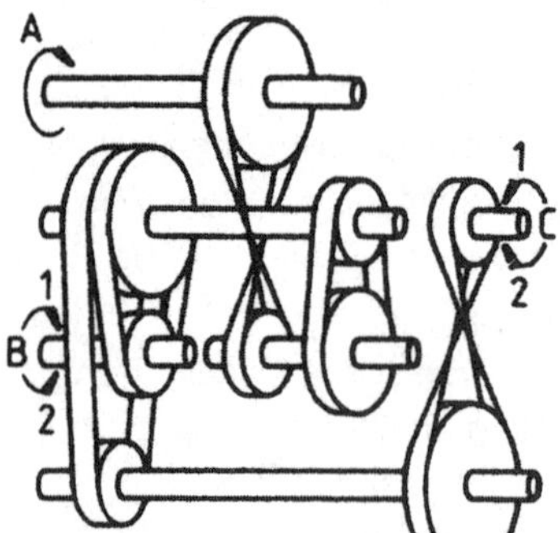

a) B in 1, C in 1
b) B in 2, C in 2
c) B in 1, C in 2
d) B in 2, C in 1
e) B in 1, C nicht

11 *Ein Motorradfahrer kommt in einer Rechtskurve wegen überhöhter Geschwindigkeit von der Fahrbahn ab. Auf welche Seite wird der Motorradfahrer geschleudert?*

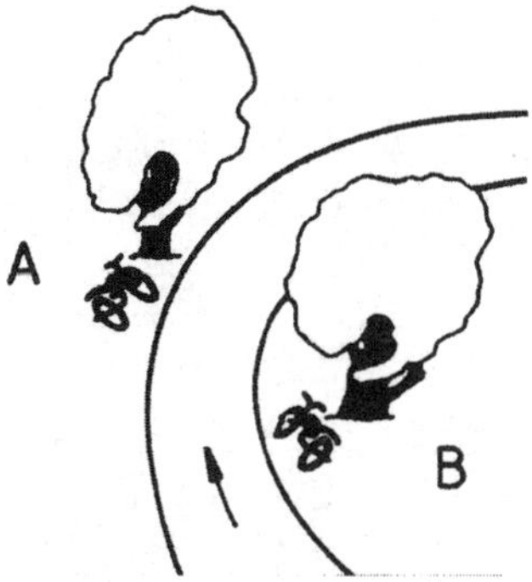

a) Position A
b) Position B

12 *Die Räder A, B und C greifen ineinander. Das Rad A wird in Pfeilrichtung angetrieben. In welche Richtung bewegt sich das Rad C?*

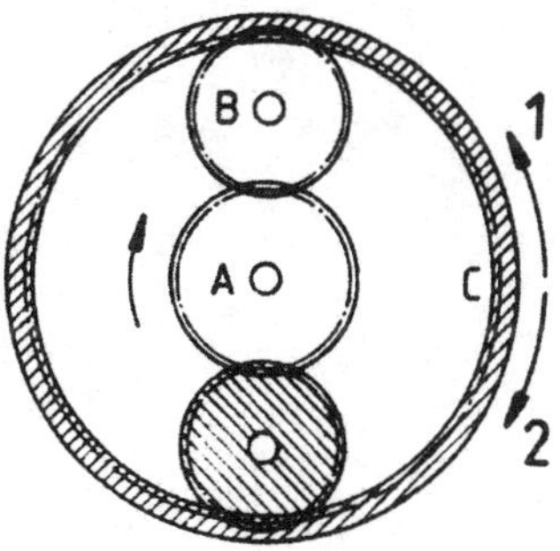

a) die Räder können sich überhaupt nicht drehen
b) das Rad dreht sich in Richtung 1
c) das Rad dreht sich in Richtung 2

Lösungen siehe Seite 250

Bildlogik

Suchen Sie unter den nummerierten Figuren jeweils die richtige heraus.

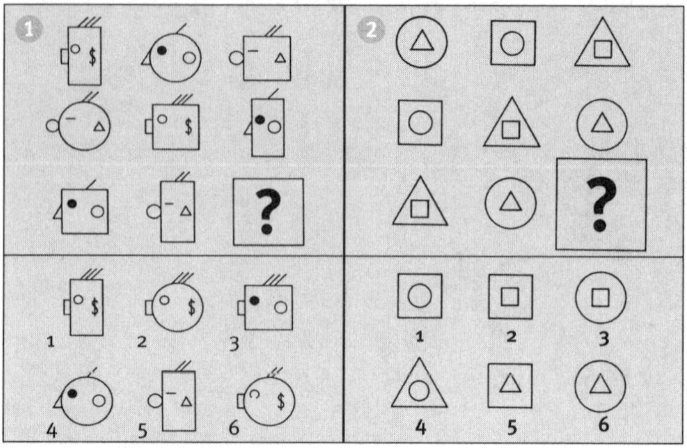

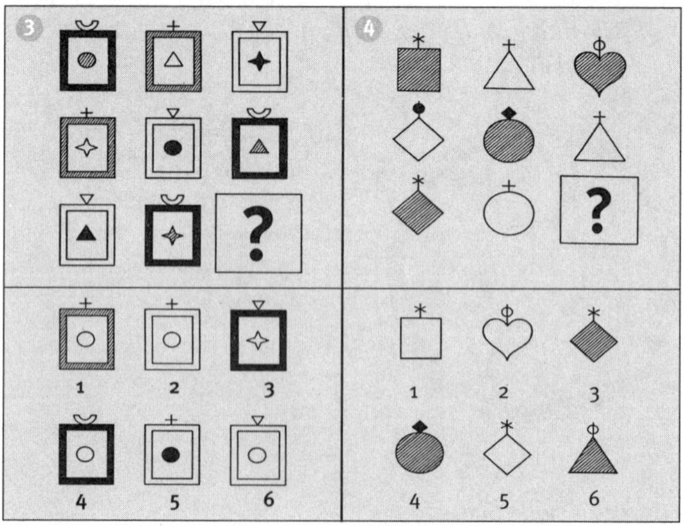

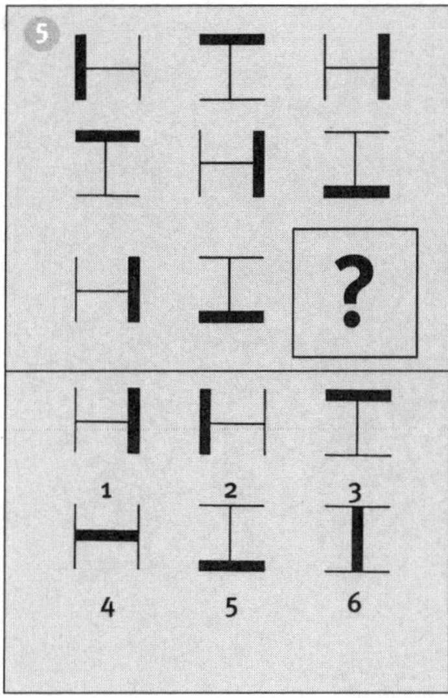
5
?
1
2
3
4
5
6

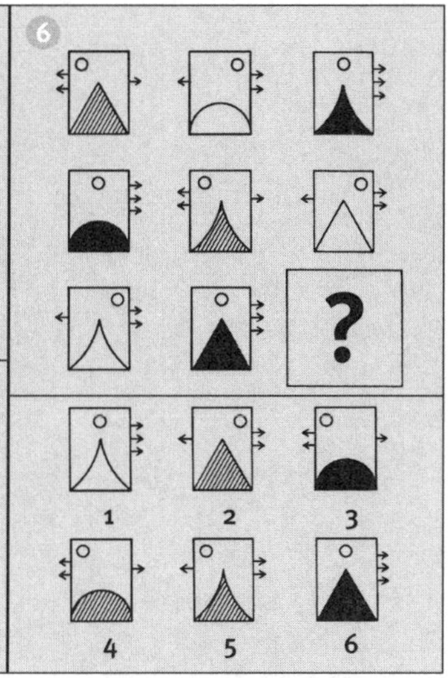
6
?
1
2
3
4
5
6

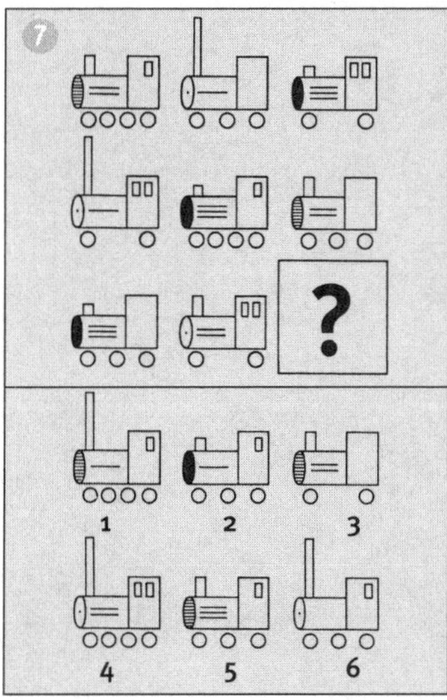
7
?
1
2
3
4
5
6

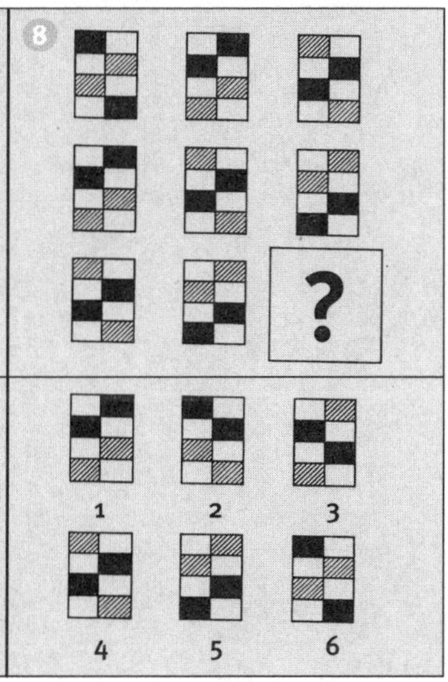
8
?
1
2
3
4
5
6

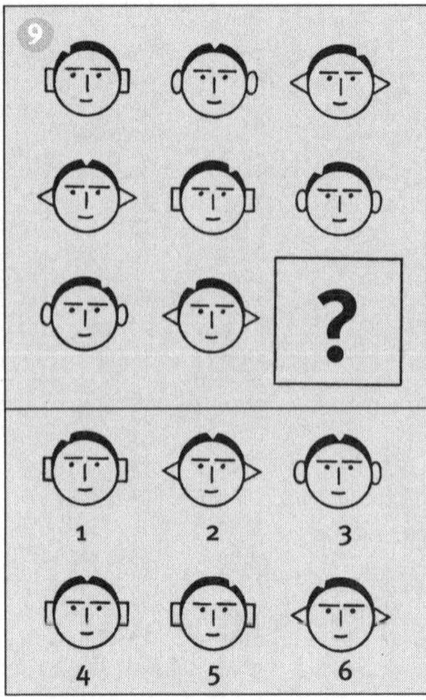
9
?
1
2
3
4
5
6

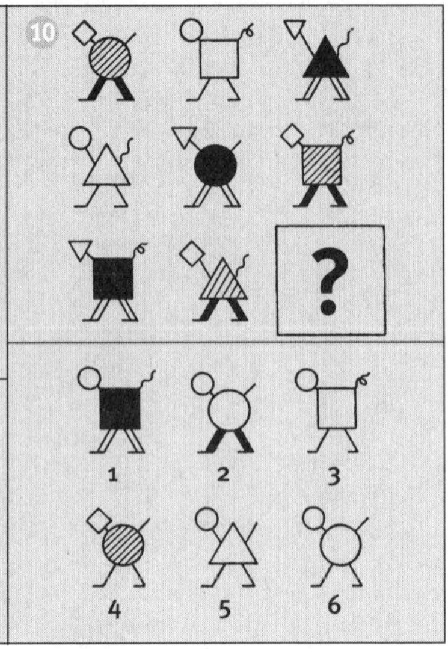
10
?
1
2
3
4
5
6

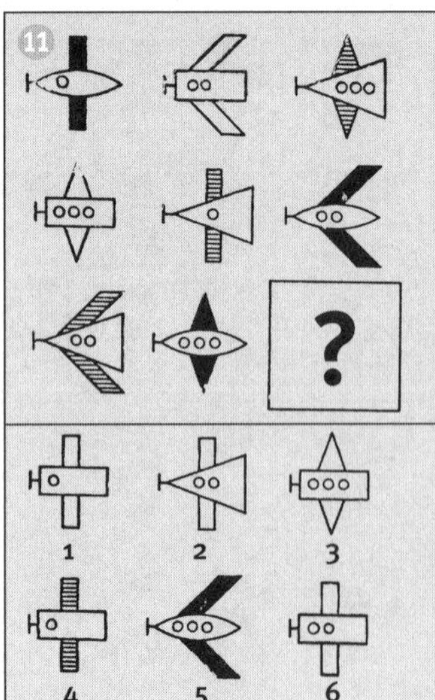
11
?
1
2
3
4
5
6

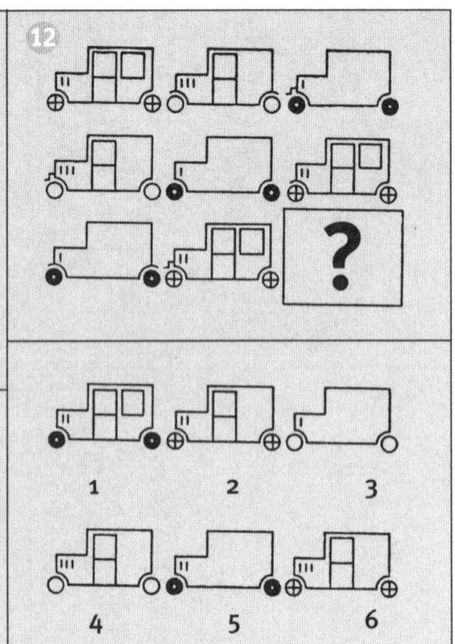
12
?
1
2
3
4
5
6

13
?
1
2
3
4
5
6

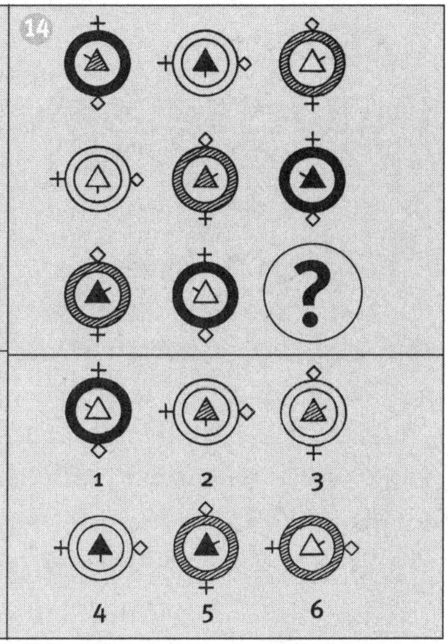
14
?
1
2
3
4
5
6

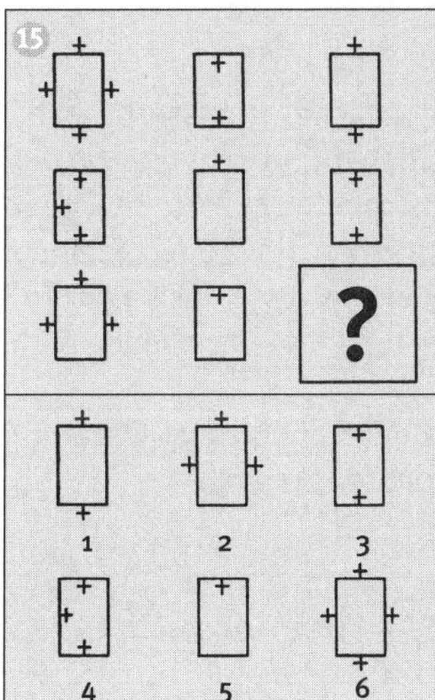
15
?
1
2
3
4
5
6

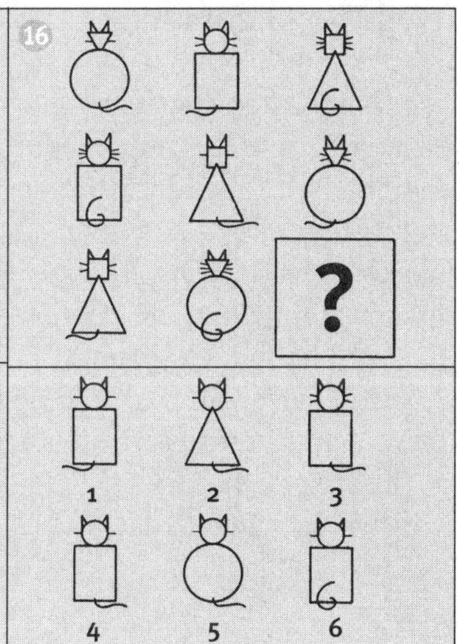
16
?
1
2
3
4
5
6

Extra – Das Assessment-Center

Bisher galten sie als der Härtetest für künftige Top-Manager und Führungskräfte, als letzte Hürde vor dem endgültigen Aufstieg zur Spitze. Doch längst verlassen sich immer mehr Firmen und Unternehmen, besonders aber Banken, Versicherungen und der öffentliche Dienst schon bei der Auswahl ihrer Auszubildenden und Erstbewerber auf diese Form des Personalauswahlverfahrens als die härteste, die objektivste und die effektivste: das Assessment-Center – kurz AC.

Was steckt dahinter?

Am treffendsten sagt es bereits der Name: »to assess« – das bedeutet »einschätzen«, »beurteilen«. Und »center« ist der Mittelpunkt. Das Ganze bezieht sich auf Sie, den Bewerber und potenziellen zukünftigen Mitarbeiter, der für einige Stunden oder gar Tage im Mittelpunkt verschiedener Tests und Prüfungen steht, die seine »Eignung« für die zu besetzende Stelle ans Licht bringen sollen.

Dabei setzt sich das Anforderungsprofil dieser »Eignung« im Wesentlichen aus drei Komponenten zusammen:

- Ihrer Persönlichkeit
- Ihrer Leistungsmotivation
- Ihrer Kompetenz

Man wird also versuchen, folgende Fragen zu beantworten:

- Was für ein Mensch sind Sie? Passen Sie ins Unternehmen?
- Wie viel Einsatz und Motivation können und wollen Sie für Ihren potenziellen zukünftigen Arbeitgeber aufbringen?
- Wie verlief die bisherige schulische Ausbildung?

Im Wesentlichen haben Sie dabei mit folgenden vier Formen der Aufgabenstellung zu rechnen:

- Gruppendiskussion
- Rollenspiel
- Präsentation
- Persönlichkeitstests

Zu einem Assessment-Center werden in der Regel sechs bis zwölf Bewerber eingeladen, die über einen Zeitraum von mehreren Stunden bis hin zu zwei oder drei Tagen (bei Stellen für Auszubildende die absolute Ausnahme) von drei bis sechs Beobachtern durch die verschiedenen Formen der Persönlichkeits- und Fähigkeitsprüfung begleitet werden.

Die Bestandteile

Im Folgenden werden Sie eine Beschreibung der einzelnen AC-Bestandteile sowie eine Reihe von Tipps und Tricks zur Bewältigung und Vorbereitung finden. Dabei eines gleich im Voraus: Dass Sie es überhaupt bis ins AC geschafft haben, zeigt schon, dass Sie zu den interessantesten unter den vielen Bewerbern zählen. Und egal, in welcher der folgenden Situationen Sie sich wiederfinden und wer Ihnen gegenübersitzt, eines sollten Sie immer im Kopf behalten: Auch das sind »nur« Menschen.

Die Gruppendiskussion

Wer kennt das nicht: Familienstreitigkeiten über das nächste Ferienziel; diskutierende Freunde, die wieder einmal nicht in der Lage sind, sich zu einigen, in welcher Disco der Abend den interessantesten Verlauf nehmen könnte; Klassen, in denen hitzige Debatten über die nächste gemeinsame Lektüre geführt werden?

Eines haben all diese Situationen gemeinsam: Die Meinungen gehen anfangs diametral auseinander, aber ein Ergebnis muss doch gefunden werden. Und jeder hängt mit geradezu störrischem Trotz an seiner Position. Erinnern Sie sich an eine dieser Situationen, und Sie wissen, was Ihnen der AC-Bestandteil »Gruppendiskussion« bringen wird. Drei Formen werden unterschieden:

- Diskussion eines Themas aus dem gesellschaftlich-politischen Bereich (vorgegeben oder wählbar)
- Diskussion eines Themas mit vorgegebener Rollenverteilung (die Teilnehmer erhalten Instruktionen, welche Position/Meinung sie zu vertreten haben)
- Unternehmensplanspiel – die Diskussion fiktiver betriebswirtschaftlicher Bedingungen, anhand derer ein Handlungsplan (zur Verbesserung der Produktion, des Betriebsklimas o. Ä.) erarbeitet werden soll

Die Dauer einer solchen Gruppendiskussion variiert stark. Möglich sind 15 Minuten, aber auch eine volle Stunde. Sollte die Zeit nicht ausreichen, um zu einem Ergebnis zu kommen, geraten Sie nicht in Panik: Auch Ihr Verhalten in Stress-Situationen ist Teil der Prüfung.

Augen auf – Was wird beobachtet?

Hier eine Liste der wichtigsten Kriterien, nach denen Sie in einer Gruppendiskussion beurteilt werden:

- Auf einen Blick:
  Ihr Erscheinungsbild (Kleidung etc.); Ihr Auftreten; Ihre Umgangsformen
- Ich und die Anderen – Interaktion innerhalb der Gruppe:
  Kontaktsuche; Kooperationsfähigkeit; Einfühlungsvermögen; Selbstbeherrschung
- Gewusst wie – Denkprozesse:
  Informationsaufnahme und -verarbeitung; Beurteilungsfähigkeit; Kreativität bei der Entwicklung von Alternativen; Entscheidungsfreudigkeit
- Vorwärts und Marsch:
  Anstreben einer Führungsposition innerhalb der Gruppe; Koordination von Lösungsprozessen; Selbstsicherheit; Durchsetzungsvermögen
- Mund auf – aber mit System:
  Formulierungs-/Ausdrucksfähigkeit; Unmissverständlichkeit; Mimik & Gestik

Wie Sie eine Gruppendiskussion strukturieren

- **Orientierung / Problemerfassung: Worum geht es eigentlich?**
- **Zielsetzung: Wohin wollen wir?**
- **Suchen und Sammeln von Lösungen: Wie kann man das Ziel erreichen?**
- **Abwägen möglicher Lösungen gegeneinander und Einigung auf ein Modell: Was ist der beste Weg?**
- **Ergebnisprüfung: Sind wir da, wo wir hinwollten?**

Absolut tabu	Absolut gefragt
Nervosität, Unsicherheit	Unverkrampftheit, Natürlichkeit
mangelnder Ernst	ruhige Selbstsicherheit
eigene Meinung absolut setzen	Kompromissbereitschaft
Einzelkämpfertum	Vermittlerrolle, Meinungen zusammenführen
Aggressivität, Starrsinn	Toleranz, aber: nur bedingte Nachgiebigkeit
Notorisches Neinsagen – chronische Zustimmung	auf Mängel hinweisen, aber auch eigene zugeben
anderen ins Wort fallen	zuhören können
Ironie, Sarkasmus, Witze auf Kosten anderer	andere ernst nehmen;
monologisieren, Selbstinszenierung	knappe, präzise Beiträge zur Sache
»Ähhh« – Füllwörter	knappe, treffende Formulierungen, klare Aussprache

Tipps und Tricks zur Vorbereitung

Die wesentliche Herausforderung an Sie besteht darin, sich in einer Gruppe von Rivalen eine allseits anerkannte Führungs- bzw. Mittlerposition zu verschaffen und die Gruppe auf ein gemeinsames Ziel zu lenken, in dem möglichst viel Ihrer eigenen Lösungsvorstellungen verwirklicht sind. Um dorthin zu gelangen, gilt: Ellbogen einziehen und den anderen lieber die Hand reichen! Haben Ihre Diskussionspartner die erst einmal angenommen, können Sie sie auch möglichst galant und unbemerkt in die gewünschte Richtung führen. Wie viel an Führungspotenzial Sie dabei zeigen sollten und wo Sie lieber den zurückhaltenden Vermittler spielen, hängt natürlich ganz von den Anforderungen ab, die Ihre zukünftige Stellung Ihnen bringen wird.

Das Rollenspiel

Stichwort: Schauspieler gesucht! Beim AC-Bestandteil Rollenspiel handelt es sich in der Regel um ein Gespräch zwischen AC-Bewerber und AC-Beobachter, die jeweils in vorgegebene, näher erläuterte Rollen schlüpfen. Häufig handelt es sich um die Simulation betrieblicher Interaktionen, beispielsweise um ein Krisengespräch zwischen Vorgesetztem und Mitarbeiter über nachlassende Leistungen, Unpünktlichkeit oder unsoziales Verhalten. Denkbar sind auch Verkaufs- und Motivationsgespräche, meistens zu völlig absurden Themen wie der Aufgabe, dem Besitzer einer eingeschossigen Lagerhalle einen Aufzug verkaufen zu müssen.

Für ein solches Rollenspiel stehen Ihnen zwischen zehn und 30 Minuten zur Verfügung, zuvor können Sie sich in einer Vorbereitungszeit von fünf bis 15 Minuten näher mit der Situations- und Rollenbeschreibung vertraut machen.

Und seien Sie gewarnt: Beim AC-Rollenspiel werden Sie sich unter Garantie in einer äußerst angespannten und emotionsgeladenen Situation wiederfinden. Und Ihr »Schauspielpartner« wird nichts unversucht lassen, Ihnen ein sicheres, ausgeglichenes Auftreten so schwer wie möglich zu machen. Rechnen Sie also mit Aggression, verbalen Angriffen oder auch der tränenreichen Mitleidstour.

Augen auf – Was wird beobachtet?

Ein Rollenspiel ist im Grunde genommen eine Gruppendiskussion mit minimaler Teilnehmerzahl. Die Beurteilungskriterien gleichen daher weitgehend den Maßstäben, die bei einer Gruppendiskussion angelegt werden. Die dabei für Ihre Beobachter zentrale Frage lässt sich zusammenfassend so formulieren: Gelingt es Ihnen, durch geschickte Gesprächsführung und einfühlsamen Umgang mit dem Mitarbeiter, die Hintergründe des Problems aufzudecken und mit Ihrem Gegenüber gemeinsame Lösungswege zu finden, die dieser nicht als von oben diktiert empfinden muss, sondern als eigenes Ziel annehmen kann?

Tipps und Tricks zur Vorbereitung

Der Verlauf eines AC-Rollenspiels sollte sich idealerweise an folgenden Schritten orientieren:

- ☑ Nutzen Sie Ihre Vorbereitungszeit! Machen Sie sich mit der Situations- und Personenbeschreibung gründlich vertraut, merken Sie sich Einzelheiten!
- ☑ Legen Sie sich eine Gesprächsstrategie zurecht; setzen Sie ein klares Ziel: Was wollen Sie erreichen?
- ☑ Sorgen Sie beim Zusammentreffen für eine entspannte Atmosphäre.
- ☑ Legen Sie sachlich, knapp und neutral die Kritikpunkte dar – trennen Sie dabei die Kritik an der Sache von der Person Ihres Mitarbeiters.
- ☑ Bitten Sie den Mitarbeiter um eine Darstellung des Sachverhalts aus seiner Sicht und um mögliche Lösungsvorschläge.
- ☑ Hören Sie gut zu, halten Sie sich mit persönlichen Stellungnahmen zurück, auch wenn man Sie dazu provoziert (z. B. durch verbale Angriffe oder Schilderung familiärer Missstände).
- ☑ Entwickeln Sie, ausgehend von den Ideen Ihres Mitarbeiters, Bewältigungsstrategien.

- ☑ Fassen Sie den erarbeiteten Lösungsvorschlag zusammen. Machen Sie klar, dass es sich um ein gemeinsam erarbeitetes Ergebnis handelt, an dessen Verwirklichung beiden Seiten gelegen sein muss (»Wir stimmen also darin überein, dass ...«).
- ☑ Sorgen Sie für einen positiven Ausklang des Gesprächs.

Und zum Abschluss sollten Sie Folgendes nicht vergessen:
- ☑ Das Zauberwort heißt Soziale Kompetenz, übertriebene Härte wird Ihnen höchstens negativ angerechnet.
- ☑ Auf keinen Fall darf das Gespräch auf eine emotionale Ebene abgleiten.
- ☑ Und ganz wichtig: Stehen Sie zu Ihrer Vorgehensweise und dem von Ihnen erreichten Ergebnis. Auch wenn in einem kurzen, abschließenden Gespräch mit der Prüfungskommission vielleicht Kritik aufkommt.

Die Präsentation

Auch das ein typischer AC-Bestandteil: die Präsentation. Hinter diesem Schlagwort verbirgt sich ein Kurzvortrag zu einem vorgegebenen Thema vor Publikum (meistens vor Ihren AC-Beobachtern, seltener auch vor den Mitbewerbern). Das Thema erhalten Sie entweder als Fallstudie mit ausführlicher Hintergrundinformation oder als einfaches Stichwort wie z. B. »Todesstrafe – ja oder nein?«.

Ihre Aufgabe besteht darin, aus den gegebenen Informationen und Ihrem Allgemeinwissen zum Thema innerhalb eines vorgegebenen Zeitrahmens einen sprachlich und strukturell gelungenen Vortrag zu basteln.

Augen auf – Was wird beobachtet?

Auch hier kommen grundsätzlich die auf Seite 199 aufgeführten Punkte ins Spiel. Dabei tritt nun aber die Komponente der sozialen Interaktion weit in den Hintergrund, und wichtig werden vor allem rednerisches Können, sprachliche Ausdrucksfähigkeit und selbstbewusstes Auftreten.

Tipps und Tricks zur Vorbereitung

Nutzen Sie Ihre Vorbereitungszeit, um einen roten Faden zu finden (Stoffsammlung!) und eine grobe Gliederung zu entwerfen. Diese sollte enthalten:

1. Einleitung

Hier lautet die Devise: Auffallen! Die ersten Sätze entscheiden, ob Ihr Publikum sich interessiert fürs Zuhören entschließt oder die Kopfkissen gezückt werden. Suchen Sie für Ihre Einleitung nach Zündstoff, nach witzigen Anekdoten, Zitaten und Bezügen zum aktuellen Tagesgeschehen. Provozieren Sie!

2. Hauptteil

Da heißt es, nüchtern werden und strukturiert. Der Aufbau hängt dabei ganz von der Themenstellung ab. Für eine Themenstellung nach dem Schema »Todesstrafe – ja oder nein?« etwa bietet sich die konventionelle Pro-Kontra-Gliederung an. Das heißt:

- These (Argumente dafür)
- Antithese (Argumente dagegen)
- Synthese (Entscheidung, ggf. Kompromiss)

Wenn Sie es dagegen mit einer Fallstudie zu tun haben, stellen Sie sich folgende Fragen:

- Worin besteht das Problem?

- Welche Lösungen gibt es? Welche sind evtl. mit welchem Ergebnis bereits getestet?
- Welchen Lösungsweg halten Sie für den besten? Warum?

In jedem Fall gilt für den Hauptteil: Argumentieren! Und das heißt, von abstrakt formulierten Thesen und Argumenten zu konkreten Belegen und Beispielen zu kommen. Sparen Sie nicht an Anschaulichkeit!

3. Schluss

Verabschieden Sie sich mit einem Trommelwirbel! Hier dürfen Sie noch einmal alle publikumswirksamen Register ziehen, die Ihnen so einfallen: Seien Sie charmant, witzig, provokant und humorvoll. Nur: Fassen Sie sich kurz.

Soweit zur Vorbereitung. Was den Vortrag angeht, so sollten Sie folgende Punkte nicht vergessen:

- ☑ Humor – Provokationen – Witze – Anekdoten
- ☑ anschauliche Sprache – Visualisieren – Bilder und Metaphern
- ☑ didaktische Hilfsmittel (Tafelbilder, Overhead, Flipchart)
- ☑ unterstreichende Gestik – deutliche Aussprache
- ☑ Miteinbeziehen des Publikums – Augenkontakt – direktes Ansprechen
- ☑ rhetorische Mittel: inszenierte Pausen – gewollte Wiederholungen – rhetorische Fragen etc.

Und ganz wichtig: Niemals einfach ablesen! Frei sprechen und formulieren! Nur so können Sie als Persönlichkeit wirken und überzeugen.

Persönlichkeitstests

Persönlichkeitstest fallen in den Bereich der so genannten Paper-and-pencil-Tests. In dieser Kategorie muss der Bewerber lange Fragenkataloge durcharbeiten und beantworten – manchmal in ausformulierten Sätzen, häufiger jedoch mit einfachen Kreuzchen im Multiple-Choice-Verfahren.

Persönlichkeitstests sollen den AC-Veranstaltern einen maximalen Einblick in die Psyche ihrer Bewerber, in deren Aktions- und Reaktionsmuster ermöglichen. Hinter all dem steht natürlich wieder die Frage: Was für ein Mensch sind Sie? Und was für ein Mitarbeiter wären Sie? Würden Sie in das Team, zu dem Unternehmen passen? Dass die hierfür herangezogenen Testverfahren im Hinblick auf ihre Aussagekraft mehr als fragwürdig bleiben, ändert leider nichts an ihrer Beliebtheit.

Augen auf – Was wird bewertet?

Nach vier Komponenten wird Ihre Persönlichkeit auseinandergenommen und bewertet:

- Leistungsbereitschaft
- Kontaktfähigkeit
- Emotionale Stabilität
- Geschlechtsidentität (leider deutlich an männliche Rollenklischees als Optimum angelehnt)

Natürlich gibt es verschiedene Arten von Persönlichkeitstests. Wir wollen im Folgenden die häufigsten kurz vorstellen:

1. 16 PF – Und fertig ist der Mensch

In 16 Paare gegensätzlicher Persönlichkeitsmerkmale wird hier die Psyche des Menschen zergliedert. Da steht beispielsweise Ausgeglichenheit versus Angespanntheit, Gruppenorientiertheit versus Eigenständigkeit, und der Prüfling wird mittels Fragen in das so entworfene Muster eingeordnet. Hier ein Beispiel, wie die Fragen des 16-PF-Tests aussehen können:

»Ich fände es interessanter in einer Fabrik verantwortlich zu sein für:

a) die Einstellung neuer Mitarbeiter
b) weiß nicht
c) Maschinen oder die Buchhaltung«

Die geprüften Persönlichkeitsmerkmale sind bei diesem Beispiel Kontaktinteresse versus Sachinteresse.

2. Satzergänzungstest

Bei dieser Art Persönlichkeitstest wird der Bewerber aufgefordert, begonnene Sätze auf beliebige Art zu Ende zu führen. Häufig geschieht das unter dem Vorwand, Ihre Kreativität prüfen zu wollen. Lassen Sie sich nicht täuschen! Es geht darum, aus Ihren Beispielsätzen Rückschlüsse auf Ihre Wünsche, Ängste und Motivationen ziehen zu können. So handelt es sich bei den Satzanfängen auch fast immer um Gefühlsäußerungen, die bestimmte Assoziationen wach rufen sollen: »Ich wünsche mir ...«; »Ich habe Angst davor, dass ...«

3. Biografische Fragebögen

Unter dem Titel »Personalfragebogen« nimmt sich dieser Persönlichkeitstest aus wie ein sicheres Versprechen, bestanden zu haben. Aber wiederum ist Vorsicht angesagt. Hier sollen vor allem Fragen zum familiären und sozialen Hintergrund Ihrer Person geklärt werden. Ihre Kindheit und Jugend werden möglicherweise näher unter die Lupe genommen – z. B. einschneidende Erlebnisse –, und man interessiert sich für Ihre Freizeitgestaltung und Familienplanung.

4. Der MMPI

Achtung! Finger weg, falls möglich! Der MMPI ist ein Persönlichkeitstest, der sowohl durch seinen Umfang (200 bis 560 Fragen, die nach dem Schema »stimmt«/»stimmt nicht« zu beantworten sind) als auch durch seine Unverschämtheit auffällt. Hier stehen Sie als Bewerber schon mal vor Aussagen wie »Manchmal bin ich von bösen Geistern besessen« oder »Als Kind habe ich bisweilen andere ganz gerne gequält«. Natürlich befinden Sie sich mit dem Wunsch, im Assessment-Center möglichst gut abzuschneiden, in keiner guten Position, um diesen Test einfach verweigern zu können. Vielleicht sollten Sie sich aber beim Anblick eines MMPI doch überlegen, ob Sie es sich wirklich gefallen lassen müssen, Ihre Psyche auf »Defekte« wie Depression, Hysterie, Hypochondrie, Paranoia, soziale Introversion oder Abweichungen vom Geschlechtsverhalten untersuchen und auseinander legen zu lassen.

Tipps und Tricks zur Vorbereitung

Das Wichtigste wie immer zuerst: So beängstigend der Begriff »Persönlichkeitstest« auch klingen mag – Sie müssen sich von Ihren potenziellen Arbeitgebern hier keineswegs »bis aufs Hemd« ausziehen lassen. Auch das Ausfüllen von Persönlichkeitstests ist manipulier- und erlernbar.

Dafür sollten Sie vor einem Test folgende Fragen für sich geklärt haben:

- ☑ Was für ein Mensch bin ich? (Auch im Hinblick auf die oben genannten vier Komponenten)
- ☑ Wie sieht das Anforderungsprofil für den idealen Bewerber aus? (Machen Sie sich hierfür klar, wie Unternehmenspolitik und Führungsstil der AC-Veranstalter aussehen.)

Wenn der Bogen bereits vor Ihnen liegt, gilt es, Ihre Antworten auf dieses Anforderungsprofil abzustimmen. Sie sollten beachten:

- Welche Fragen gehören zu welchem der vier Bereiche von Persönlichkeitsmerkmalen?
- Welche Antwort deutet auf welche Eigenschaft hin?
- Fassen Sie die Fragen in Gruppen zusammen, und versuchen Sie, Ihre Antworten auf das gewünschte Persönlichkeitsprofil abzustimmen. Hierfür ein Beispiel: Es gibt fünf Fragen in der Kategorie Gruppenabhängigkeit versus Eigenständigkeit. Sie sollten nun versuchen, Ihre Antworten – je nach den von Ihnen angenommenen Idealvorstellungen der Firma – so zu verteilen, dass Sie sich weder als steter konformer Ja-Sager noch als ewiger störrischer Eigenbrötler präsentieren.
- Nicht zu oft auf »teils/teils«- oder »weiß nicht«-Antworten ausweichen.
- Vorsicht auch bei allen »manchmal-bisschen-vielleicht«-Fragen, die sich auf kleine menschliche Schwächen beziehen. Hier geht es um Ihre Glaubwürdigkeit. »Ein bisschen angeben«, »ab und zu einen faulen Couch-Tag einlegen« – so etwas macht jeder mal. Also seien Sie ehrlich!

Unser Tipp:

Persönlichkeitstests sind erlern- und manipulierbar. Trotzdem: Ihre Persönlichkeit ist es nicht. Doch genau diese Persönlichkeit mit all Ihren Macken wird sich später im neuen Arbeitsumfeld behaupten müssen. Also machen Sie im Test keinen anderen Menschen aus sich. Aber ein bisschen Theaterschminke über den einen oder anderen Leberfleck – das tut niemandem weh.

Ob es damit langsam mal reicht? Na ja, sagen wir fast. Die wichtigsten Bestandteile eines Assessment-Center kennen Sie jetzt. Der Vollständigkeit halber seien hier aber noch einige Sätze darüber verloren, was Sie eventuell noch erwarten kann.

Das (Stress-)Interview

In diesem Frage- und Antwort-Spiel wird ganz konkret ein bestimmter Aspekt Ihrer Persönlichkeit näher beleuchtet, der für die zu besetzende Stelle besonders wichtig ist. In der unangenehmen Stress-Variante versucht man dabei, Sie durch negativ gefärbte Anspielungen auf schlechtes Abschneiden in anderen Übungen oder auf mögliche Schwächen Ihrer Persönlichkeit unter Druck zu setzen. Oberstes Gebot: Nur nicht die Nerven verlieren!

Der Postkorb

In dieser Übung geht es um schnelle Entscheidungen und effektive Delegation. Sie müssen sich mittels diverser Regieanweisungen in eine Situation hineindenken, in der Sie aus bestimmten Gründen unter enormem Zeitdruck stehen, zugleich aber eine Unmenge an Anforderungen aus dem privaten und beruflichen Bereich auf Sie einstürzen. Ihre Aufgabe ist es nun, durch geschickte Zeiteinteilung und die effektive Verteilung von konkret formulierten Aufgaben an Dritte einen realisierbaren Handlungsplan zu entwerfen, in dem alle Probleme ihrer Dringlichkeit nach berücksichtigt sind.

Das Abschlussgespräch

Um ein AC nicht einfach ins Leere laufen zu lassen, werden die Bewerber am Ende einzeln oder in Gruppen zu einem abschließenden Gespräch gebeten. Rechnen Sie mit folgenden Themen:

- Bewertung des AC von Ihrer Seite, Änderungsvorschläge
- Persönliches Erleben des AC: Sind Sie zufrieden mit Ihrer Leistung?
- Nochmaliges Einschätzen der persönlichen »Eignung« für die zu besetzende Stelle
- Bewertung der Mitbewerber

Essen und Smalltalk

Wer glaubt, die kleinen Pausen zwischendurch oder das Essen am Abend seien zur Entspannung da, der irrt. Es gilt mehr denn je, auf der Hut zu sein, denn hier versucht man, Ihr »ungeschminktes« Selbst zu ergründen: Ihr Auftreten in der Öffentlichkeit, Ihre Tischmanieren, Ihre Gesprächsthemen ...

Unverfänglichkeit ist und bleibt für die Dauer eines AC ein Fremdwort. Wann immer ein AC-Beobachter in Sicht- und Hörweite ist, befinden Sie sich auf dem Prüfstand! Verhalten Sie sich entsprechend, erst zu Hause dürfen Sie wieder getrost in Jogginganzug und Pantoffeln schlüpfen!

Ein letzter Blick

Der Begriff des AC gehört nun für Sie hoffentlich nicht mehr in die Kategorie »Aktenzeichen XY – ungelöst«! Letztlich ist es nichts weiter als die Kombination verschiedener herkömmlicher Personalauswahlverfahren innerhalb eines sehr begrenzten Zeitrahmens. Aber ist es, wie vielfach gepriesen, tatsächlich objektiver und effektiver? Wohl kaum! Was hier als wissenschaftlich fundierter Eignungstest Furore macht, ist im Grunde genommen Geschäftemacherei mit dem Wunsch und der Utopie, in wenigen Stunden den beruflichen und persönlichen Werdegang eines Menschen vorauszusagen.

Unser Tipp:

Hüten Sie sich davor, Ihr Abschneiden bei einem AC als unumstößliches Verdikt über Ihre beruflichen Qualifikationen zu betrachten. Wie sie sich in einem AC halten, sagt wohl vor allem etwas über Ihre schauspielerischen Fähigkeiten. Und über den Durchmesser Ihrer Nervenstränge.

Im Ziel – Der Countdown läuft

Halleluja, es ist vollbracht. Noch nicht ganz, versteht sich. Aber vorerst haben Sie alles Menschenmögliche getan, um wie ein junger Gott zu reden, schreiben, rechnen und sich zu präsentieren. Wie? Wir sollen es nicht gleich übertreiben? Okay, wie wäre es dann mit Folgendem:

Sie haben sich ausführlich mit Ihren Schwächen und Stärken auseinander gesetzt, haben Tipps zur Stressbewältigung erhalten und sich in harter Knochenarbeit durch einen ausführlichen Fragen- und Übungskatalog gekämpft. Und egal, bei welcher Firma, welcher Bank oder Versicherung Ihre so genannte »Eignung« demnächst unter die Lupe genommen werden soll – Ihnen werden die meisten Fragen und Aufgaben vorkommen wie alte Bekannte. So besser?

Ihre persönliche Trainingsbilanz

Bevor Sie sich jetzt zurücklehnen und Ihr Training für beendet erklären, haben wir noch eine letzte Aufgabe für Sie, genauer gesagt sogar ein paar. Es gilt nämlich, Bilanz zu ziehen und sich über Verlauf und Erfolg Ihres Trainings klar zu werden.

Wie lief Ihre Vorbereitung?

Zurück zum Anfang. Nein, natürlich sollen Sie nicht das ganze Programm noch einmal durcharbeiten. Doch Sie sollten versuchen, sich Stück für Stück noch einmal an Ihre Vorbereitungsphase zu erinnern, die einzelnen Schritte im Geiste durchzugehen und dabei nachzuspüren, wie Sie sich gefühlt haben, wie schwer oder leicht Ihnen die Vorbereitung gefallen ist, welche Gedanken Sie zu den einzelnen Testbereichen hatten. Überlegen Sie dabei auch, ob irgendwo unerwartete Stärken oder Schwächen aufgetaucht sind. Hatten Sie sich in einem Bereich vielleicht völlig verschätzt und sind dann mehr oder weniger angenehm überrascht worden? Falls ja, haben Sie eine Antwort auf die Frage, woher Ihre Fehleinschätzungen kamen? Und hat sich auch Ihre Einstellung zu fraglichem Bereich geändert? Vielleicht dachten Sie ja immer, Mathematik sei nur etwas für bebrillte, emotionslose Langweiler, und haben jetzt herausgefunden, dass Sie sowohl Talent dazu besitzen als auch Spaß daran finden?

Wo stehen Sie jetzt?

Als Nächstes fragen Sie sich, wie Sie sich im Moment fühlen, ob es einen Übungsbereich gibt, an den Sie mit ganz besonders viel Schrecken denken, der Ihnen deutlich mehr Kopfzerbrechen bereitet als die anderen. Falls dem so ist, machen Sie sich Gedanken darüber, ob Sie glauben, dass hier noch Schwächen vorhanden sind, die durch weiteres Üben ausgebügelt werden könnten. Oder ist es einfach der Bereich, der Ihnen von Natur aus am wenigsten liegt, an dem Sie aber schon bis zur Erschöpfung herumgefeilt und ausgebessert haben? Und steht es denn tatsächlich so schlecht, oder spielt Ihnen hier nur ein übertriebener Perfektionismus einen Streich?

Wie steht es mit Ihrer Sozialen Kompetenz?

Durchdenken Sie auch Ihre Überlegungen zum Thema »Soft skills« und »Emotionale Intelligenz« noch einmal. Versuchen

Sie, sich Situationen vorzustellen, in denen Sie Ihre Soziale Kompetenz zur Schau stellen können – im Gespräch mit anderen Bewerbern, den Prüfern, durch selbstsicheres Auftreten oder einen einfachen Händedruck.

Wie sieht Ihr Verhältnis zum Stress jetzt aus?
Nicht zuletzt sollten Sie dem Kapitel zur Stressbewältigung einige abschließende Blicke schenken. Dazu erst einmal die Fragen: Haben Sie es überhaupt gelesen? Und sich an die Anweisungen und Anregungen gehalten? Hat es Ihnen weitergeholfen? Und welches Gefühl beschleicht Sie jetzt, wenn Sie an die bevorstehende Prüfung denken? Schauen Sie auf ihren individuellen Maßnahmenkatalog: Haben Sie Ihre Vorhaben verwirklicht? Und was sieht Ihre Zeitplanung für diese letzte Phase vor dem Prüfungstermin vor?

Anschließend erstellen Sie bitte noch einmal Ihr individuelles Soll-Haben-Konto, und vergleichen Sie es mit der ersten Version. Der Blick auf die Unterschiede wird Sie beruhigen.

Legen Sie, wenn Sie sich damit besser fühlen, noch eine oder zwei Übungseinheiten ein.

Der Schlussstrich

Jetzt ist es aber an der Zeit, die Vorbereitungsphase zu beenden. Legen Sie Testtrainer, Prüfungsbögen und Übungshefte in die dunkelste Zimmerecke oder eine verschließbare Schublade Ihres Schreibtisches, und würdigen Sie sie keines Blickes mehr. Denn damit kommt unsere letzte Aufgabe an Sie:

Tipp:

Wenn sich positive, zuversichtliche Gefühle in dieser Phase nicht so recht einstellen wollen, helfen Sie etwas nach. Rufen Sie sich Situationen aus Ihrem Training ins Gedächtnis zurück, in denen Sie deutlich gemerkt haben: Aber hallo, das geht heute ja schon viel besser als gestern. Oder erproben Sie Ihr neu erworbenes Wissen an anderen. Doch Vorsicht: Sie sollten sich hierfür jemanden aussuchen, der genug Humor besitzt, um mit einem Lachen bei sämtlichen Tests und Fragen zur Allgemeinbildung oder den Scherz- und Knobelaufgaben kläglich zu versagen. Ihnen sollte jedenfalls auf diese Weise klar werden, auf welchem Wissensstand Sie sich selbst vor einigen Tagen oder Wochen noch befunden haben – und welche großen Fortschritte Sie gemacht haben.

Betrachten Sie sich jetzt als fit und vorbereitet. Quälen Sie sich keinesfalls bis zur letzten Minute mit Aufgaben und Übungen. Lassen Sie es sich am Abend vor dem großen Auftritt noch einmal so richtig gut gehen, lassen Sie sich verwöhnen oder verwöhnen Sie sich selbst. Ein gutes Essen, eine Badewanne voll heißen Wassers und Schaumbergen, eine Hollywood-Schnulze im Fernsehen? Heute sollte es einfach Luxus sein. Würzen können Sie dieses Verwöhnprogramm noch mit einigen der Entspannungs- und Lockerungsübungen, die Sie in der letzten Zeit kennen gelernt und angewandt haben. Weshalb nicht ein Body-scan in der Badewanne? Oder eine letzte Runde mentalen Trainings? Machen Sie sich auch noch einmal kurz Gedanken über Maßnahmen, die Ihnen am nächsten Tag direkt vor der Prüfung die Angst nehmen könnten: kurze Atemübungen zum Beispiel, positive Selbstinstruktion und die geballte Faust in der Tasche. Hören Sie auf Ihre innere Stimme. Die hat in den letzten Wochen gelernt zu sagen: »Ich kann's.« Jetzt dürfen Sie ihr nur im entscheidenden Moment nicht das Ohr verweigern. Auch Ihren Badezimmerspiegel mit seinen diversen Zetteln und seinen Anleitungen zum Optimismus dürfen Sie am Morgen ruhig noch einmal konsultieren. Und warum begrüßen Sie sich an diesem Tag nicht mit einem besonders leckeren Frühstück, einem frisch gepressten Orangensaft oder einem Strauß Blumen? Kurz und gut: Sie wollten Ihr eigener bester Freund/Ihre beste Freundin sein, erinnern Sie sich? Na dann los.

Und vor allem: Sehen Sie ein, dass Sie alles Menschenmögliche getan haben.

Anhang

Lösungen – Kenntnistests

Sprache
Rechtschreibung/Zeichensetzung
Lösungen zu Seite 58ff.

Der erste Marathonlauf der Frauen bei Olympischen Spielen
Die Siegerin lief strahlend durch das Ziel. Leicht und lo*ck*er wie viele andere auch. Zur Tragödie aber und gleichzeitig zu einem Bild des Grauens wurde der Lauf der Gaby Andersen-Schiess, die zuvor bereits einige gro*ß*e Marathonläufe gewonnen, hier aber die letzte Versorgungsstelle verpa*ss*t hatte und unter gro*ß*em Wasserverlust nach einem Hitzschlag ins Stadion wankte. Ein Reporter berichtete darüber:

Sieg des Willens oder Grimasse des Sports?
»Nach 35 Kilometern kommt die Wand«, sagen viele Marathonläufer. Diese Wand hätte Gaby Andersen-Schiess beinahe erschlagen. Diese Bilder werden nicht nur in die Geschichte des Marathons eingehen. In der Geschichte des Sports werden diese Bilder zukünftig hoffen*t*lich Antwort auf die Frage geben: »Wie weit darf ein Mensch gehen, um sich seine Träume zu erfüllen?« Darf er bis zum *Ä*ußersten gehen? Sogar bis in den Tod?

Die Frau wan*k*t aus dem Tunnel in die strahlend heiße

Sonne. Die Frau läuft nicht, sie torkelt. Steif und stel**z**ig setzt sie ein Bein vor das andere. Ihr Oberkörper ist zur Seite abgekni**ck**t. Das Gesicht hat sie schräg nach oben gedreht. Die Bewegung**en** der Arme**,** der Beine**,** des Körpers sind zuckend, abgehackt, verze**rr**t. Unendliche, quä**l**ende fünf Minuten lang wan**k**t die Frau um die Bahn. Jeder Schritt ist eine T**o**rtur. Es scheint, als sei ihre linke Seite nahezu gelähmt. Auch das Gesicht zei**g**t auf dieser Seite keine Spannung mehr. Lippen und Wange hängen schlaff. Ist da**s** die Grimasse des Sports? Das grinsende Spiegelbild einer Menschheit, die sich nur noch an Extremen ergö**t**zen kann? Oder ist dies der Sieg des Willens, des Intelle**k**ts über die Schwäche des Fleisches? Erleben wir hier einen Triumph des Menschen oder seine zynische Ka**r**ikatur? Ärzte laufen neben der Frau. Sie strecken ihre Arme aus**,** aber sie berühren die Frau nicht. Wenn sie gestützt, gehalten, geführt wird, ist das Rennen für sie beendet. So ist das Reg**l**ement. Aber ist es wirklich noch ein Rennen? Warum erlöst keiner der Ärzte diese Frau? Wer gibt ihnen das Recht, die Qual des Menschen zum Schauspiel zu machen? Gaby Andersen-Schiess macht den letzten Schritt, über die Ziellinie. Die Ärzte fangen sie auf, legen ihr ein kaltes Tuch in den Nacken, betten sie auf die Trage, kühlen Kopf und Stirn. Die Frau auf der Trage verschwindet durch eine Tür aus der A**r**ena. Die Menschen atmen auf, sie fühlen sich erlöst von der Schuld, zugeschaut und nichts getan zu haben. Der Spuk ist vorüber. Gaby Andersen-Schiess wird in das Medical-Center des Stadions gebracht.

Diagnose: Ihr Körper ist völlig ausgetrocknet, Hitzestau.

Behandlung: Intraven**ö**se Zuführung von Mineralien, Aufnahme von Flü**s**sigkeit.

Nach kurzer Zeit kommt sie zu sich. Eine Stunde bleibt sie liegen. Nach zwei Stunden ist sie wieder in ihrem Zimmer im olympischen Dorf. Ein unvorstellbarer, hysterischer Ansturm setzt ein. Zeitungen, Radiostationen, Fernsehsender. Die Welt will wissen**,** wer diese Frau ist. Und sehen, da***ss*** sie noch lebt. Am Abend, zwölf Stunden danach**,** erscheint sie auf dem Bildschirm des TV-Senders ABC. Sie lächelt. Triumph des Willens über die Schwäche des Fleisches!?

Absolute Sicherheit !?
Konsequenzen der Terroranschläge von Madrid

Zweieinhalb Jahre nach den Terroranschlägen auf das Wor***l***d Trade ***C***enter in den Vereinigten Staaten ist es leider erneu***t*** zu sehr blutigen Ter***r***or-Aktivitäten in Madri***d*** gekommen.

Nach den Anschlägen von Madri***d*** fällt es schwer, einen kühlen Kopf zu bewa***h***ren. Das***s*** sich zu Trauer und Entse***t***zen auch Wut gesel***l***t, ist sehr menschlich. Das verlo***c***kt manche Politiker, mit markigen Forderungen für sich und ihre Parteien und Gedanken Stim***m***ung zu machen. Von demokratischen Politikern muss erwartet werden, das***s*** sie populistischen Gedanken und Aufforderungen nicht nachgeben.

Millionen Menschen demonstrierten nach den Anschlägen – für den Frieden, gegen Ter***r***orismus und nicht für Rachefeldzüge und härtere Strafen. Islamistische Ter***r***oristen wollen einen Krieg zwischen Christen und Moslems. Eine der wirkungsvollsten Waffen des Terrornetzwerkes El Kaida und seines ide***o***logischen Lenkers bin Laden ist die Gedul***d***. Bin Laden und seine Handlanger legen ihren Krieg gegen das westliche Werte***s***ystem über Generationen an. Sie halten sich für auserk***o***ren, ihre verschrobene Vorstellung einer islamisch-fundamentalistischen Welt radikal durchzusetzen – ganz gleich, wie viele Jahre und Menschenleben es kostet. Dabei entfernen sie sich Lichtja***h***re von Mohammeds Religion, die soziale Ordnung und in***n***eren Frieden predigt.

In einigen Ländern haben Politiker die Forderung nach sehr strengen Kontrol*l*en in Bahnhöfen erhoben. Wer dergleichen fordert, weckt entweder Hoffnung auf ein Maß an Sicherheit, da***s*** es nie geben wird, oder er nä***h***me uns einen entscheidenden Teil der Bewegungsfreiheit, die das Ken***n***zeichen einer demokratischen Gesellschaft ist. Wer heute alle Bahnhöfe sehr intensiv kontrol*l*iert, muss das Gleiche morgen auch mit allen Schulen, Einkaufszentren, Sportplätzen usw. durchführen. Der Einsatz von Pan**z**ern auf Bahnhöfen kann doch wohl nur als Schreckensszenario betrachtet werden. Zum totalitären Überwachungsstaat wäre es nur noch ein kleiner Schritt.

Es mu***ss*** unbedingt eine gemeinsame Abschätzung der europäischen und internationalen Sicherheitslage erfolgen**,** und die Abwehrmaßnahmen aller zivilisierten Staaten müssen aufeinander abgestim***m***t werden.

Eine Aussetzung des Sch**e**ngener Abkommens darf in Europa nicht ernsthaft diskutiert werden. Das bedeutet allerdings nicht, dass es besonders sporadisch und begründet zu intensiven polizeilichen Maßnahmen kommen muss.

Unsere unlängst verschärften Gesetze geben den Geheimdiensten genügend Möglichkeiten, wenn sie ausreichende Mittel haben. An Geld und Perso***n***al darf es nicht fehlen, damit der Kampf gegen den Ter*r*orismus professionell und erfolgreich durchgeführt werden kann. Terrorismus lässt sich – wenn überhaupt – nur durch die Aufklärungsarbeit der internationalen Geheimdienste verhindern. Wo es nötig wird, kann die Bundeswe***h***r schon heute Amtshilfe leisten. Ansonsten sollte die Bekämpfung terroristischer Verbrechen Sache der Polizei in Verbindung mit den Geheimdiensten sein.

Der weltweite Ter*r*or ist einerseits blanker Ha***ss***, andererseits hat er Ursachen wirtschaftlicher, politischer und militärischer Art, die nicht übersehen und unterschätzt werden dürfen. Es darf nicht verkan***n***t werden, das***s*** die Kluft zwischen Armen und Reichen immer größer wird. Es muss auch hingewiesen werden auf die Durchsetzung egoistischer Interessen bestimmter politischer und ökonomischer Grup***p***ierungen. Zu hinterfragen sind natürlich auch z. B. die Siedlungspolitik Israels, die Glorifizierung der Selbstmord-At***t***entäter der Palästinenser (oft Kinder und Jugendliche) und der Bombenter***r***or der ETA (8000 Tote für ein unabhängiges Baskenland?).

Lösungen zu Seite 62 ff.

Begriffe

1 a	2 b	3 c	4 a	5 b	6 b
7 c	8 d	9 d	10 a	11 c	12 d
13 b	14 b	15 a	16 b	17 d	18 b
19 c	20 c	21 b	22 c	23 c	24 c
25 b	26 a	27 a	28 d	29 a	30 a

Mathematik

Lösungen zu Seite 68 ff.

Prozentrechnung

1 256,84 Euro
2 27,12 Euro
3 426,00 Euro
4 2771,37 Euro
5 420 kg
6 335,20 Euro
7 6850,13 Euro
8 12,00 Euro
9 20,00 Euro und 3,50 %
10 1800000 Euro

11 2407,600 kg
12 205 472,50 Euro
13 900,00 Euro
14 88 000,00 Euro
15 2250,00 Euro
16 2425,00 Euro
17 62,5 %
18 1000 Euro
19 10 800 Euro

Lösungen zu Seite 71ff.

Dreisatzaufgaben

1 50 Tage
2 51,94 Liter
3 25 Rollen
4 13 Arbeiter
5 10 500 Brote
6 2 Personen
7 6 Stunden und 24 Minuten
8 192 Flaschen
9 5760 Liter / 19 200 km
10 24 Angestellte
11 15 Stunden
12 10 Euro und 0,50 Euro
13 24 Stunden
14 8 Tage
15 13 125,00 Euro

Lösungen zu Seite 73 ff.

Gewinnverteilung (Verteilungsrechnen)

1. Aufgabe

Gesellschafter	Anteile	Gewinn in Euro
A	1/4	18 315,00
B	1/5	14 652,00
C	1/6	12 210,00
D	23/60	**28 083,00**
Gesamtgewinn	1	**73 260,00**

2. Aufgabe

Personen	Kapital in Euro	Teile	Gewinn in Euro
A	30 000,00	**6**	**45 000,00**
B	35 000,00	**7**	**52 500,00**
C	55 000,00	**11**	**82 500,00**
D	**60 000,00**	**12**	**90 000,00**
Gesamt	**180 000,00**	**36**	270 000,00

3. Aufgabe

Personen	Anteile	Gewinn in Euro
A	1/3	**4675,00**
B	2/5	**5610,00**
C	**4/15**	3740,00
Gesamt	1	**14 025,00**

4. Aufgabe

Gesellschafter	Kapitalanteile	Kapital in Euro	Teile	Gewinn in Euro
A		350 000,00	**7**	**105 000,00**
B	$^1/_3$	250 000,00	**5**	**75 000,00**
C	Rest	**150 000,00**	**3**	**45 000,00**
Gesamt		**750 000,00**	**15**	225 000,00

Lösungen zu Seite 75 ff.

Einfache Gleichungen als Textaufgaben

1. 180 km [x = 60 * 3]
2. 45 m [x = 15 + 30]
3. 17 Gläser [x + 9 + x = 43]
4. 24 [2x + 15 = 63]
5. 29 [58 + x = 3x]
6. 31, 32, 33 [x + x + 1 + x + 2 = 96]
7. 4 cm bzw. 8 cm [6x = 24]
8. 2 Jahre [50 + x = 2 * (10 + x + 12 + x)]
9. 4,5 cm [6 + 2x = 15]
10. 20 g [1000 – 20x = 600]
11. 4,5 cm, 6,5 cm und 9,5 cm [x + x + 2 + x + 5 = 20,5]
12. 50 [1 $^1/_2$ * (100 : 3)]
13. 1 020 000 Liter [x = 2,5 * 1000 * 2 * 60 * 3,4]
14. 800 Flaschen [x = 240 * $^2/_3$ * 5]

Lösungen zu Seite 76 f.

Gleichungssysteme

1. 11 Hühner und 7 Kaninchen [x + y = 18; 2x + 4y = 50]
2. 12 Fünf-Euro-Scheine und 9 Zwei-Euro-Stücke [x + y = 21; 5x + 2y = 78]

3 3 Söhne [x = y – 1; $^1/_2 * y = x - 1$]
4 24 cm [x + y = 60; x = $^2/_3 * y$]
5 6 g Silber [x/y = $^2/_3$; x + y = 15]
6 75 Euro [x/y = $^3/_5$; x + y = 120]
7 18 [x – y = 5; x + y = 41]
8 35 [x = y – 10; x + y = 80]
9 10 [x + y = 17; 5x + 10y = 120]
10 21 [x + y = 49; x = $^4/_3$ y]

Lösungen zu Seite 70f.

Zinsrechnen

1 60 Tage (Tage = $^{100*360*51,25}/_{6000*5,125}$)
2 14 400 Euro (Zinssatz = $^{100*360*132}/_{26400*36}$ = 5 %/Kapital = $^{100*360*70}/_{5*35}$)
3 32 000 Euro (Zinsen = $^{30000*6*140}/_{100*360}$ = 700 Euro/Kapital = $^{100*360*700}/_{126*6,25}$)
4 30. September (Tage = $^{100*360*28}/_{5600*6}$ = 30 Tage)
5 12,6 % (Zinssatz = $^{100*360*882}/_{90*28000}$)
6 35 Tage ($^3/_4$% von 1200 Euro = 9 Euro/Rest 14 Euro/Tage = $^{100*360*14}/_{1200*12}$)
7 a) 7 % (6*315 = 1890 Euro + 164,40 = 2054,40 Euro – 1920 Euro = 134,40 Euro/ $^{100*134,40}/_{1.920}$)
b) 14 % ($^{100*134,40*12}/_{1920*6}$)
8 30 000 Euro ($^{12*120}/_{360}$ = 4 % + 1 % = 5 % / 95 % = 28 500 Euro, 100 % = x, x= $^{28500*100}/_{95}$)

Lösungen zu Seite 77ff.

Kaufmännisches Rechnen

1 51,600 kg
2 45 000,00 Euro
3 6,00 Euro
4 748,80 Euro und 442,40 Euro

5 8,02 %
6 2,5 % und 64 000,00 Euro
7 1840,00 Euro und 11 500,00 Euro
8 3,20 Euro
9 10,78 Euro
10 32 000,00 Euro
11 14 %
12 6373,30 Euro
13 1,45
14 36 %

Lösungen zu Seite 79 f.

Umwandeln, Berechnen und Schätzen

1 a) 0,025 m
b) 0,12 m
c) 1,10 m
2 a) 0,00025
b) 0,0018
c) 0,00135
3 216 cm^2
4 120 cm^2
5 a) 4,52 m^2
b) 7,54 m
6 512 cm^3
7 0,96 m^2
8 a) $^1/_5$
b) $^7/_{15}$
c) 1 $^{23}/_{42}$
d) 5 $^{23}/_{56}$
9 a) 40 %
b) 12,5 %
c) 122,22 %

10 14 131
27 393
67 424
4761
1890
364

Lösung zu Seite 80 ff.

Zahlenreihen

1 31 [+1 +2 +3 +4 +5 +6 +7]
2 29 [+1 +1 +2 +2 +3 +3 +4 +4 +5]
3 11 [+1 −2 +3 −4 +5 −6 +7 −8 +9]
4 12 [/3 −3 * 3 +3 /3 −3 * 3]
5 27 [−3 /2 * 3 −3 /2 * 3]
6 21 [+7 −2 −0 +6 −3 −0 +5 −4 −0]
7 17 [+0 +7 −2 +0 +6 −3 +0 +5 −4]
8 17 [/2 +3 /2 +4 /2 +5 /2 +6]
9 2 [+2 −15 +4 −12 +6 −9 +8 −6]
10 49 [+3 +4 +4 +5 +5 +6 +6 +7]
11 38 [+1 +3 +5 +7 +9 +11]
12 80 [+7 +9 +11 +13 +15 +17]
13 64 [−1 * 2 /3 −4 * 5 /6 −7 * 8]
14 13 [+4 +3 /2 +4 +3 /2 +4]
15 2 [+5/2+5/3+5/4+5/5]
16 12,5 [* 3+1/2 * 3+1/2 * 3+1/2]
17 238
18 26
19 90 93
20 14 13
21 63
22 73
23 74
24 69
25 67
26 587
27 25
28 27
29 15
30 46
31 10
32 42
33 7
34 14
35 8
36 14
37 45
38 63
39 13 6
40 11
41 68
42 7
43 15
44 49
45 2
46 10

47 15
48 39 −6
49 84 82
50 313 121
51 20 2
52 23 41
53 0 49
54 −16 −24 −96
55 293 608
56 0 0
57 2 22 −1
58 252 125
59 120 584
60 690 2308
61 462 788
62 220 301
63 3 128
64 95 158
65 89
66 152 65
67 90 45 42
68 16 48
69 191 194
70 598 365
71 38 96

Lösung zu Seite 83 f.

Zahlen erkennen bzw. einfügen

1 Anzahl: 33 2 Anzahl: 24 3 Anzahl: 42 4 4. 1 = 42; 2 = 33; 3 = 22; 4 = 676; 5 = 2,5; 6 = 12; 7 = 333; 8 = 16

Allgemeinbildung

Lösungen zu Seite 84 ff.

Politik und Staatsbildung

1 a 2 c 3 b 4 b 5 g – c – e – d – a – f – b 6 c 7 c – g – e – b – a – d – h – f 8 abhängig vom Bundesland 9 c 10 a: Christlich-Demokratische Union; b: Freie Demokratische Partei; c: Sozialdemokratische Partei Deutschlands 11 b 12 a 13 b 14 Belgien, Dänemark, Deutschland, Estland, Finnland, Frankreich, Griechenland, Großbritannien, Irland, Italien, Lettland, Litauen, Luxemburg, Malta, Niederlande, Österreich, Polen, Portugal, Schweden, Slowakei, Slowenien, Spanien, Tschechien, Ungarn, Zypern 15 b, d

Lösungen zu Seite 87 ff.

Politik und Geschichte

1 b 2 a 3 Friedrich Ebert, Paul von Hindenburg

4 a	5 c	6 a	7 b	8 c	9 c
10 a	11 b	12 d	13 a	14 c	15 b
16 a	17 b	18 b	19 a	20 b	21 c
22 a	23 d	24 a	25 b		

Lösungen zu Seite 92 ff.

Wirtschaft

1 d	2 a	3 d	4 a	5 b	6 c
7 a	8 b	9 c	10 d	11 a	12 b

13 c 14 b 15 a: persönlich oder durch Boten, Wertbrief, Postanweisung; b: Zahlschein, Nachnahme, Barscheck; c: Überweisung, Dauerauftrag, Lastschrift, Verrechnungsscheck, Scheckkarte, Kreditkarte (Visa, Eurocard usw.), Kundenkarte (Karstadt usw.), Telefon-Banking; E-Commerce

16 b	17 a	18 c	19 b	20 b	21 c
22 c, f	23 d	24 b	25 c	26 b	27 d
28 b					

Lösungen zu Seite 99 ff.

Geografie allgemein

1 b	2 b	3 a	4 d	5 c	6 a
7 d	8 d	9 a	10 b	11 d	12 a
13 a	14 c	15 c	16 d	17 a	18 b
19 b	20 c				

Lösungen zu Seite 102 ff.

Geografie – Berühmte Straßen, Plätze, Bauwerke

1 a	2 d	3 b	4 c	5 a	6 d
7 b	8 b	9 c	10 c	11 a	12 b

13 a	14 c	15 a	16 b	17 a	18 a
19 b	20 a	21 a	22 b	23 a	24 b
25 c	26 a	27 d	28 b	29 c	30 b

Lösungen zu Seite 105 ff.

Naturwissenschaften

1 b	2 c	3 d	4 c	5 a	6 a
7 b	8 c	9 c	10 d	11 b	12 c
13 d	14 b	15 a	16 a	17 c	18 d

Lösungen zu Seite 109 ff.

Literatur

1 a	2 c	3 b	4 d	5 b	6 c
7 b	8 d	9 d	10 c	11 c	12 d
13 b	14 a	15 b	16 d	17 d	18 c
19 c	20 b				

Lösungen zu Seite 113 ff.

Malerei und bildende Künste

1 b	2 a	3 b	4 c	5 d	6 a
7 d	8 b	9 c	10 c		

Lösungen zu Seite 116 ff.

Musik

1 d	2 d	3 b	4 a	5 c	6 d
7 b	8 c	9 a	10 c	11 d	12 b
13 c	14 d	15 b	16 a	17 c	18 a
19 b	20 b				

Lösungen zu Seite 120 ff.

Film

1 c	2 a	3 d	4 c	5 b	6 c
7 b	8 a	9 c	10 d	11 d	12 a
13 b	14 c	15 b	16 a	17 c	18 b

Lösungen zu Seite 124 ff.

Sport

1 d	2 b	3 d	4 c	5 a	6 c
7 b	8 d	9 c	10 a	11 b	12 b
13 c	14 d	15 d	16 c	17 c	18 d

Lösungen – Intelligenztests

Scherzfragen

Lösungen zu Seite 128 ff.

Um die Ecke gedacht

1 Buchstabe T 2 Buchstabe M 3 »Das« 4 Nicht der Wein wächst, sondern die Reben 5 Ja, eine Taube frisst kein Pferd 6 Das Fragezeichen 7 Aus einem Ei 8 Er trinkt aus der Flasche 9 Falschgeld 10 z. B. Schläfst du schon?/ Bist du tot? 11 Als Eis 12 Löschblatt 13 Den Fuß 14 Im Wörterbuch 15 Nur das erste 16 Nein, er ist tot 17 Heu wird nicht gemäht, sondern Gras 18 Der Buchstabe M 19 Alle Skisportler 20 Schneemann 21 Mit drei Buchstaben: rot 22 Der Buchstabe U 23 alt 24 Der Bäcker 25 Wenn er Deutsch sprechen kann 26 Jedes; ein Haus kann nicht springen 27 Buchstabe R 28 Loch 29 Moses 30 Zuerst ein Quadrat und dann drei Striche 31 Das Wort »falsch« 32 Keine; es war Noah 33 Nein, lebende nicht 34 z. B. volle Fässer, Heringsfässer

usw. 35 Das Pferd oder der Sattel 36 Der Kannibale 37 Die Hühner 38 Handschellen 39 Auf der Landkarte 40 Nein; nur Säuglinge 41 Nächte sind dazwischen 42 Die Wölfin 43 Gulaschkanone 44 Airbus oder Kolumbus 45 z. B. Zigarette oder Zitrone 46 Hörst du mich? 47 Mit keiner, sondern mit dem Löffel 48 Sie ist aus Stahl 49 Das Alphabet 50 Der Dieb 51 Ja; ein dreibeiniger Tisch wackelt nicht 52 Mit dem Buchstaben A 53 Männliche Vögel 54 Keine; wenn die ersten drei wegfahren, rücken die anderen auf 55 Iglu 56 Fische 57 Das Wort und 58 Ein Sarg 59 Nein; damals wusste keiner etwas von Christus 60 Fenster

Lösungen zu Seite 131 f.

Zahlenzauber

1 60 2 60; Pferde bleiben immer Pferde und Kühe immer Kühe 3 Kein Rauch; Elektrolok 4 Die Zeit ist identisch 5 Keine; die restlichen fliegen weg 6 Alle; außer Februar 7 Ihr Alter 8 Nie 9 Es fehlt nichts; falsche Addition 10 Normalerweise sind alle erreichbar, da Geheimnummern nicht im Buch stehen 11 40 000 km; 200 000 km : 5 12 Gans = spez. Gewicht 1; Gold = spez. Gewicht 19,3 = ca. 1,2 Mio. Euro 13 36 Personen ($2x + \frac{1}{2}x + \frac{1}{4}x + 1 = 100$)

Lösungen zu Seite 133 f.

Kombiniere ...

1 Im Grab 2 Nein; dann ist er nicht mehr leer 3 Seekrankheit 4 Ein Weg 5 Ein Loch in der Tasche 6 Der Hahn 7 Im Februar; Monat mit den wenigsten Tagen 8 Er lief durch die Kanalisation 9 Etwas Luft aus den Reifen lassen 10 Es ist helllichter Tag 11 Sanitäterin; Mund-zu-Mund-Beatmung

Knobelaufgaben

Lösungen zu Seite 134 f.

Nachdenken

1 Unmöglich; Eisbären leben am Nord-, Pinguine am Südpol 2 Die Mastspitze; wegen der Krümmung der Erde 3 Ja; Geburtstag am 31. Dezember, Aussage am 1. Januar 4 Am 39. Tag 5 Weiß; Haus genau auf dem Nordpol 6 79, da es das Jahr 0 nicht gibt 7 Die rechte Seite in einem Buch ist immer ungerade; aus diesem Grund kann die Seite 32 nicht fehlen, wenn die Seite 31 vorhanden ist. 8 Insgesamt 7 Kinder/3 gemeinsame Kinder

Lösungen zu Seite 135 f.

Querdenken

1 Musiker 2 Sie sind Drillinge 3 Der Taxifahrer war zu Fuß unterwegs 4 Damenfußball 5 Vier; zwei brennen ab 6 Der Papagei ist taub 7 Sie spielen nicht gegeneinander, sondern gegen andere Partner 8 Er spielte Monopoly 9 Sie fügen den 19 Kamelen ein altes, wertloses Kamel hinzu. Der älteste Sohn erhält 10 Kamele, der mittlere Sohn 5 Kamele und der jüngste Sohn 4 Kamele.

Lösungen zu Seite 136 f.

Situationsdenken

1 Es handelt sich um Tomaten in Dosen 2 Fallschirmspringer; der Schirm hat sich nicht geöffnet 3 Das Kind fiel von der Fensterbank ins Zimmer 4 Von der untersten Sprosse gefallen 5 Sie ist kleinwüchsig und kommt nicht an den oberen Knopf 6 Er dreht mehrere Sicherungen heraus, dadurch werden die Nachbarn aufmerksam. 7 119 (600 : 6 = 100, 100 : 6 = 16 Rest 4, 20 : 6 = 3 Rest 2) 8 Zwei gleiche Fragen stellen: z. B. 1. Ist die Kreide weiß? 2. Ist die

Kreide weiß? ⑨ 28 Gäste (+ Wirt, Frau und Bedienung = 31) ⑩ Die Antwort lautet nein; denn es ist durchaus möglich, dass eine Japanerin aus Tokio eine Kamera in der Hand hält, ohne dass sie deswegen den Kölner Dom besichtigt.

Lösungen zu Seite 137 ff.

Problemdenken

① z. B. beide Uhren umdrehen; nach 7 Minuten Eier reinlegen; nach den verbleibenden 4 Minuten die 11er-Uhr noch einmal umdrehen ② »Was würde dein Bruder sagen, wenn ich ihn nach dem Weg zum Moor fragen würde?« Die Antwort ist immer falsch ③ »Ich sterbe genau einen Tag vor euch, Herr!« ④ Jäger ⑤ Zuerst die Kinder hinüber – eines bleibt am anderen Ufer, während das andere zurückrudert – ein Soldat überquert den Fluss – das Kind drüben bringt das Boot zurück – beide Kinder rudern hinüber – eines bleibt, während das andere zurückkommt – ein zweiter Soldat überquert den Fluss ... ⑥ Das erste Brett wird 0,70 m über den Bach gelegt (2,30m Land!). Eine Person stellt sich auf den äußeren Punkt an Land, die andere Person legt das zweite Brett darauf und geht auf die andere Seite. Danach wird der Vorgang von der anderen Seite wiederholt. ⑦ Fensterputzer; von außen rein ⑧ 50-Cent-Stück und 10-Cent-Stück ⑨ 800; denn zwei Ohrringe und kein Ohrring entspricht einem Ohrring ⑩ Eine Stunde ⑪ 42 Minuten und 21 Sekunden (= $^{12}/_{17}$ Stunden) ⑫ An der eigenen Zimmertür wird nicht angeklopft. ⑬ Er hat eine Kugel hinuntergeschluckt.

Kombinationsvermögen

Lösungen zu Seite 140f.

Wochentage finden

1 Sonntag	2 Montag	3 Dienstag
4 Montag	5 Donnerstag	6 Montag
7 Samstag	8 Samstag	9 Mittwoch
10 Montag	11 Dienstag	12 Dienstag
13 Sonntag	14 Dienstag	15 Samstag
16 Dienstag	17 Sonntag	18 Freitag
19 Montag		

Lösungen zu Seite 142

Verwandte finden

1 Dirk selbst 2 Der Vater von Herrn Klug 3 Die Schwester des Jungen will ihrer Tante etwas schenken. 4 Es handelt sich um Großvater, Vater und Sohn. 5 Sieben 6 Sven ist Julias Sohn 7 Svenjas Bruder mit dem Onkel, also dem Bruder von Svenjas Mutter 8 Nein, er ist tot

Lösungen zu Seite 142ff.

Logisches Kombinieren

1 Claus 2 Porzellan 3 Heinz 4 Hald/Zahnarzt/Golf; Held/Jurist/Tennis; Hild/Pilot/Polo 5 d) 5 6 c) die Hälfte 7 Links, mittlere Etage 8 Zwei 9 56 10 A + D 11 7 12 c) See 13 a) Küche 14 Das graue Buch 15 grün 16 Völlig unbestimmt 17 Maler 18 Dünne Kurze 19 A) Norweger B) Japaner 20 A) Managerin B) 17.20 Uhr

Häuser	***1***	***2***	***3***	***4***	***5***
Nationalität	Norweger	Italiener	Engländer	Spanier	Japaner
Farbe	Gelb	Blau	Rot	Braun	Grün
Zigaretten	Menthol	HB	Ernte	RH	West
Getränke	Wasser	Tee	Milch	Orangen-saft	Kaffee
Tiere	Fuchs	Pferd	Schnecken	Hund	Zebra

	Zeit:	**Beruf:**	**Klasse:**
Start	14:00	Rentnerin	2. Klasse
1. Station	14:15	Ingenieur	2. Klasse
2. Station	15:30	Vertreter	2. Klasse
3. Station	16:15	Professorin	2. Klasse
4. Station	**17:20**	Rechtsanwalt	1. Klasse
5. Station	18:40	Lehrer	nicht 2. Klasse; daher 1. Klasse
6. Station	19:30	**Managerin**	nicht 1. Klasse; daher Speisewagen
7. Station	21:05	Student	2. Klasse
Ziel	22:00		

Lösungen zu Seite 148ff.

Rechnen und Logik

1 A + D 2 b) 3 Die meisten Angaben sind nicht notwendig. 11 Busse hin und zurück; d. h. er traf 10 Busse.

4

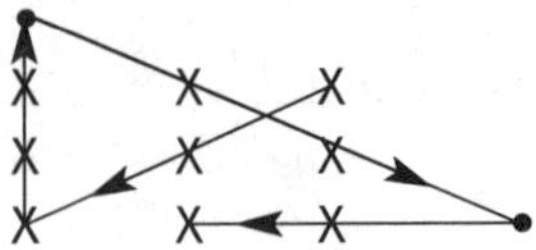

5 $(1 + 1 + 1)! = 6$ $2 + 2 + 2 = 6$ $3 * 3 - 3 = 6$
$4 + 4 - \sqrt{4} = 6$ $5 + 5 : 5 = 6$ $6 + 6 - 6 = 6$
$7 - 7 : 7 = 6$ 8 – Doppelwurzel aus (8 + 8) = 6 $\sqrt{9} * \sqrt{9} - \sqrt{9} = 6$

6 Sie betätigen den Schalter 1, warten eine Minute und schalten ihn wieder aus. Dann bestätigen Sie Schalter 2. Der Raum wird jetzt geöffnet. Ist die Glühbirne erleuchtet, handelt es sich um Lichtschalter 2. Sollte die Glühbirne nicht an sein, fassen Sie die Birne an. Ist sie warm, handelt es sich um Lichtschalter 1; sollte sie kalt sein, handelt es sich um Lichtschalter 3.

Verbale Intelligenz

Lösungen zu Seite 150f.

Sprach-Analogien – Aufgabe 1

1 männlich 2 arm 3 fahren 4 Wurst 5 dunkel 6 Korb 7 Sturm 8 Apfelblüte 9 Stadt 10 Mauer 11 Seite 12 Szene 13 ängstlich 14 Diesel-/Benzinmotor 15 Absicht 16 Fahrplan 17 Planet 18 Körper 19 zurückhaltend 20 Ewigkeit 21 Licht 22 Blume 23 Thermometer 24 Konstrukteur 25 Seite 26 Mitglied 27 Motor 28 Tollkühnheit 29 Kraft 30 Übermut

Lösungen zu Seite 151 ff.

Sprach-Analogien – Aufgabe 2

1 e	2 d	3 c	4 d	5 e	6 e
7 e	8 c	9 d	10 c	11 e	12 b
13 d	14 c	15 c			

Lösungen zu Seite 153 ff.

Synonyme finden

1 d	2 b	3 c	4 e	5 c	6 f
7 d	8 f	9 c	10 f		

Lösungen zu Seite 154 ff.

Antonyme finden

1 c e	2 a b	3 b c	4 b d	5 a c	6 a d
7 a e	8 b d	9 a d	10 b c	11 a d	12 b e
13 c e	14 a b	15 a d	16 c e	17 a e	18 b c
19 b d	20 d e	21 b d	22 a e	23 a c	24 b e
25 a c	26 d e	27 a c	28 a d	29 b c	30 a d
31 a d	32 b e	33 a c	34 a d	35 a d	36 b d
37 b e	38 a d	39 c e	40 b e		

Lösungen zu Seite 157 ff.

Gemeinsame Eigenschaften erkennen

1 b	2 c	3 b	4 e	5 b	6 c
7 d	8 b	9 b	10 b	11 b	12 c
13 a	14 d	15 c	16 c	17 d	18 a
19 d	20 a	21 d	22 c	23 b	24 b
25 b	26 d	27 e	28 b	29 d	30 b
31 b	32 d	33 c	34 d	35 b	

Lösungen zu Seite 160

Stammwörter einsetzen

1 Wort 2 Rat 3 Probe 4 Elefant 5 Glück
6 Druck 7 Bank 8 Ring 9 Hunger 10 Familie
11 Jubel 12 Diamant 13 Kabel 14 Zug 15 Stempel
16 Pause 17 Nacht 18 Koch 19 Ehre 20 Baum

Lösungen zu Seite 160ff.

Satzergänzungen

1 d 2 c 3 e 4 b 5 d 6 e
7 e 8 e 9 b 10 d 11 c 12 e
13 d 14 c 15 e 16 c 17 b

Lösungen zu Seite 163ff.

Sprichwörter zuordnen

1 G 2 C 3 J 4 A 5 H 6 B
7 D 8 I 9 F 10 E

Lösungen zu Seite 164ff.

Wörter bilden

1 Kühlschrank 2 Kollekten 3 Hotelführer
4 Miseren 5 Staubsauger 6 Parole, Pagode
7 Gedicht 8 Sprecher 9 Autobahnen
10 originell 11 Verwaltung 12 Zwillinge
13 Alptraum 14 Prüflinge 15 Bürodienst
16 Kauffrau 17 Antlitz 18 Romantik
19 Glühbirne 20 Anonymität 21 Aussperrung
22 Erbsensuppe 23 Ausbilder 24 Wildschwein
25 Autoatlas 26 Vergnügen 27 Besprechen
28 Glaskörper 29 Ahnentafel 30 Lokalsender

Rechenrätsel

Lösungen zu Seite 166

Zeichen und Zahlen

1 Das Komma 2 23 + 21 3 27 oder 5
4 99 : 9 = 11 und 3 + 3 : 3 = 4 5 6,25 ($x - 5 = \frac{1}{5} x$)

Lösungen zu Seite 166 ff.

Strecken, Zeit und Geschwindigkeit

1 Nach sechs Tagen 2 10 km 3 20 Sekunden 4 24 km/h [Bei einer Strecke von 36 km fährt das Schiff hin 2 Stunden/ zurück 1 Stunde] 5 d ist die Strecke bis zum Haus der Verlobten. Dauer der Hinfahrt: d/17. Dauer der Rückfahrt: d/23. Gesamtdauer: 0,102d. Die Durchschnittsgeschwindigkeit beträgt also: 2d/0,102d = 19,6 km/h 6 Hin flussaufwärts; zurück flussabwärts 7 Am Dienstag 24 Sekunden länger (Montag = 2 * 24 * 60 / 90; Dienstag = 24 * 60 / 100 + 24 * 60 / 80) 8 Tauscht die Pferde! 9 Ja, sie ging im Kreis – rechts herum 10 Die Frau ist 10 Minuten weniger als sonst gefahren, d. h. 5 Minuten in jede Richtung. Treffpunkt = 16:05 Uhr und nicht 16:10 Uhr wie gewöhnlich. Also bin ich 60 Minuten gelaufen, wobei ich eine Strecke zurückgelegt habe, für die sie normalerweise 5 Minuten braucht. Meine Geschwindigkeit zu Fuß entspricht somit einem Zwölftel der meiner Frau mit dem Wagen. 11 Der Vater ist also 10 Minuten weniger als sonst mit dem Wagen gefahren: 5 in jede Richtung. So hat er Julia 5 Minuten früher als sonst getroffen. Da lief sie schon seit einer Viertelstunde. Also hat sie die Schule 20 Minuten früher verlassen, d. h. 12:40 Uhr. 12 Radfahrzeit von F.= $\frac{2}{5}$ von 6 Std. (=2 $\frac{2}{5}$ Std.) Radfahrzeit von S.= $\frac{1}{4}$ von 6 Std. (= 1 $\frac{1}{2}$ Std.) Geschwindigkeit von F. = $\frac{5}{8}$ der Geschwindigkeit von S. S. hatte noch $\frac{8}{13}$ zurückzulegen Treffpunkt = 10 km vor der Grafenmühle 13 11:25 Uhr ($3x + 40 + x = 180$ $x = 35$)

Lösungen zu Seite 169 f.

Eine Frage des Verhältnisses

1. 30 Schweine und 15 Gänse $[4x + 2(45 - x) = 150]$
2. 48 Jahre $[x + x/3 + x/2 = 88]$
3. 1760 bzw. 1650 Liter $[3/4\,x = 4/5\,y;\ x + y = 3410]$
4. zwischen 50 und 80 Quadratzahl 64 = 8 Kinder und 56 Enkel
5. 11 Jungen $[x + 2x + 2(x + 2x) = 99]$
6. Der Große stellt sich auf die Schultern des Kleineren (längere Arme)
7. 13 Euro $(3x = 50 - 11)$
8. 20 Kilo $(x = 10 + x/2)$
9. Drei Kilo ($1/4$ Dachpfanne = $3/4$ kg)
10. 4 Katzen (n ist die Anzahl der Katzen. Dann gilt: $n = 4/5\,n + 4/5$).
11. $2x + 16 = 40 \qquad x = 12$

Lösungen zu Seite 170 ff.

Praktischer Alltag

(1) 3 Socken (2) 2m-Reihe = 6 Bäume, 1m-Reihe = 11 Bäume (3) 48 cm $[x + 3/4\,x = 84]$ (4) 7,55 Min. $[1/9 + 1/13 - 1/18 = 31/234]$ 1 Min. : $31/234 = 1 * 234/31]$ (5) x ist die unbekannte Zahl der Stufen. Wenn ich diese Treppe benütze, durchläuft sie x – 20 Stufen in 60 Sekunden. Bei meiner Freundin erreicht sie x – 16 Stufen in 72 Sekunden. Daher hat die Treppe eine Eigengeschwindigkeit von 4 Stufen in 12 Sekunden. Es laufen also 20 Stufen in 60 Sekunden durch: Die Gesamthöhe der Treppe ist gleich der Summe dieser 20 Stufen plus der 20 weiteren, die ich selbst gestiegen bin, d. h. 40 Stufen. (6) Wasser; Petroleum schwimmt oben (7) Als Eis ausschütten (8) Der erste Friseur hat dem anderen die Haare geschnitten. (9) 170 Euro (= 120 Euro + 50 Euro)

Lösungen zu Seite 172 ff.

Mathematische Intelligenz

1 $\frac{7}{31}$ **2** Julia hat eine Chance von 1 : 6 **3** ca. 41 500 Jahre (15!) **4** 4320 [8! = $8 \ast 7 \ast 6 \ast 5 \ast 4 \ast 3 \ast 2 \ast 1$] **5** Nicht viel, denn das Mittel der 36 Würfe beträgt $12\frac{1}{4}$ **6** m = Spieler der Gruppe B → Spiele der Gruppe B = $m(m-1)/2 \rightarrow \frac{1}{2}m(m-1) - \frac{1}{2}(24-m)(23-m) = 69 \rightarrow m = 15 \rightarrow$ Spieler in Gruppe A → 5 Unentschieden **7** A) 48 Spiele; $8 \ast 6$ B) 15 Spiele finden noch statt; 4 Spiele gewinnen **8** 66 Partien =1320 Euro **9** $\frac{2}{5} \ast \frac{7}{10} \ast \frac{9}{10} = \frac{126}{500} \rightarrow 1 - \frac{126}{500} = 0{,}748$ **10** $\frac{1}{3} \ast \frac{1}{3} = \frac{1}{9} \rightarrow \frac{1}{3} + \frac{1}{3} - \frac{1}{9} = \frac{5}{9} \rightarrow 1 - \frac{5}{9} = \frac{4}{9}$ **11** $1 - 13 \ast 12 \ast 11/20 \ast 19 \ast 18 - 7 \ast 6 \ast 20/5 \ast 19 \ast 18 = 0{,}718$ **12** $\frac{1}{4} \ast \frac{1}{6} \ast 48$ Euro = 2 Euro (entspricht dem Preis für die Parkuhr) **13** $1008 - 132 = 876$; 73 Schüler **14** Sieben (dem ersten vier, dem zweiten zwei und dem dritten eins) **15** A = Anzahl der Raketen bzw. Großvaters Alter $A/10 = A/2 - A/6 - 21$; $21 = A/3 - A/10 = 7A/30$. A = 90; in 10 Jahren **16** $6D+23\frac{1}{3} = 2 \ast (D+23\frac{1}{3})$; $4T=23\frac{1}{3}$; $D=5\frac{5}{6}$ Jahre V=35 Jahre M=29 Jahre **17** $\frac{1}{4} \ast \frac{1}{4} = \frac{1}{16}$ $(\frac{1}{4} \ast \frac{1}{2}) + (\frac{1}{2} \ast \frac{1}{2}) + (\frac{1}{2} \ast \frac{1}{4}) = \frac{1}{4}$ $1 - \frac{1}{16} - \frac{1}{2} = \frac{7}{16}$ $\frac{1}{16} \ast 40 + \frac{1}{2} \ast 50 + \frac{7}{16} \ast 60 = 53$ Jahre 9 Monate **18** $\frac{2}{4} \ast \frac{1}{125} = \frac{1}{1250}$

Lösungen zu Seite 176 ff.

Zahlen- und Buchstabenquadrate

Magisches Quadrat 1

	1	2	3	4	5
A	11	−7	−1	−10	7
B	−4	−6	1	4	3
C	8	6	−12	9	−11
D	−8	10		2	−4
E	−9	−3	12	−5	5

Magisches Quadrat 2

	1	2	3	4	5
A	25	6	22	10	2
B	18	12	5	21	9
C	8	24	8	17	1
D	7	20	11	4	23
E	14	3	19	13	16

Magisches Quadrat 3

	1	2	3	4	5
A	17	3	10	14	21
B	19	11	12	18	5
C	13	**20**	4	6	22
D	1	7	23	25	9
E	15	24	16	2	8

Magisches Quadrat 4

	1	2	3	4
A	4	6	15	9
B	16	10	5	3
C	1	7	12	14
D	13	11	2	8

Magisches Quadrat 5

	1	2	3	4	5
A	2	13	5	21	24
B	16	9	22	3	15
C	23	20	11	4	7
D	14	17	8	25	1
E	10	6	19	12	18

Magisches Quadrat 6

	1	2	3	4	5
A	13	16	22	5	9
B	25	4	6	11	19
C	8	12	20	24	1
D	17	23	3	7	15
E	2	10	14	18	2

Magisches Produkt

2	**36**	**3**
9	**6**	**4**
12	**1**	**18**

Buchstabenquadrat 1

P	U	T	I	J	R	E
U	E	P	J	R	I	T
E	J	R	U	P	T	I
I	P	J	T	E	U	R
R	T	U	P	I	E	J
T	R	I	E	U	J	P
J	I	E	R	T	P	U

Buchstabenquadrat 2

D	B	C	E	A
E	A	D	B	C
B	C	E	A	D
A	D	B	C	E
C	E	A	D	B

Merk- und Konzentrationsfähigkeit
Begriffe einprägen – Aufgabe 1

	A	B	C
1			
2			
3			
4			
5			
6			
7			
8			
9			
10			
11			
12			
13			
14			
15			
16			
17			
18			
19			
20			
21			
22			
23			

Tabelle zu Seite 181

Begriffe merken – Aufgabe 2

	A	B	C	D	E
1					
2					
3					
4					
5					
6					
7					
8					
9					
10					
11					
12					
13					
14					
15					
16					
17					

Tabelle zu Seite 183

Sprachanalogien

		A	B	C	D	E
1	finden : verlieren = erinnern :					
2	Briefträger : Geldbriefträger = Schmied :					
3	Beratung : Beschluss = überlegen :					
4	Straßenbahn : Schiene = Omnibus :					
5	Sportler : Laufschuhe = Wissenschaftler:					
6	Holz : hobeln = Eisen :					
7	Silber : Gold = Fingerring :					
8	Blut : Ader = Wasser :					
9	Treppe : Leiter = Haus :					
10	Gebirge : Pass = Fluss :					
11	Blumen : Vase = Vogel :					
12	Nahrung : Gewürz = Vortrag :					
13	Zunge : sauer = Nase :					
14	Mantel : Rock = Wolle :					
15	Blindheit : Farbe = Taubheit :					

Tabelle zu Seite 184

Synonyme zuordnen

	A	B	C	D	E	F
1	schnell					
2	anfangen					
3	Finsternis					
4	verstecken					
5	rau					
6	ver-nünftig					
7	schimpfen					
8	verstehen					
9	mächtig					
10	Mut					

Tabelle zu Seite 185

Lösungen zu Seite 186

Räumliches Vorstellungsvermögen

1 b	2 c	3 o	4 a	5 b	6 c
7 b	8 a	9 c	10 o	11 b	12 o

Lösungen zu Seite 187 ff.

Technisches Verständnis

1 b	2 a	3 b	4 b	5 a	6 a
7 b	8 a	9 c	10 b	11 a	12 b

Lösungen zu Seite 192 ff.

Bildlogik

1 2	2 1	3 1	4 6	5 2	6 4
7 1	8 6	9 4	10 6	11 1	12 4
13 1	14 2	15 1	16 4		

Wenn Sie weitere Informationen zum Thema Bewerbung haben möchten oder an individueller Karriereberatung und Coaching interessiert sind, können Sie sich direkt an Sabine Hertwig und ihr Team wenden:

[beruf + konzept]

Telefon:	030/85077656
Fax:	030/85077657
E-Mail:	info@beruf-konzept.de
Homepage:	www.beruf-konzept.de

Haben Sie Fragen oder Anregungen zu den Testreihen, wenden Sie sich bitte direkt an Alfons Weinem:

E-Mail: a.weinem@freenet.de

Register